AF146266

for Donna

Segeln USA Ostküste und Bahamas

Erfahrungsbericht und Ratgeber

Herstellung und Verlag:
BoD - Books on Demand, Norderstedt
ISBN 978-3-7322-4160-6

Inhalt

Einleitung

Dieses Buch ist Erlebnisbericht, Reiseführer und Ratgeber. Alle, die mit dem Gedanken spielen, das Revier Ostküste der USA für sich zu entdecken, sollten es lesen, denn es wird ihnen Ähnliches passieren, sie werden die gleichen Probleme und Freuden haben, denn man hört diese Geschichten immer wieder in den Kreisen der Yachties, wobei natürlich die Entscheidung für ein Motorboot oder Segelboot entsprechende Akzente setzt. Das ist eine Frage des Geschmacks, der Bequemlichkeit und der Weltanschauung. Bis heute ist mir jedenfalls immer noch nicht ganz klar, warum so verschwindend wenige Deutsche diesen Törn fahren – ich glaube, es hat sich einfach noch nicht herumgesprochen.

Kuhardt, 09.02.2007

Traumland USA?

„...bin dann online gegangen und habe die Seiten mit den second hand Segelyachten gedownloaded, habe dann mit call-by-call Billigtarif dem Skipper meiner Traumyacht in seiner Mailbox meine Handynummer hinterlassen – mein erster Kontakt zu meinem Boot – cool". Es ist ja alles so einfach geworden, und die Supermacht hat uns fest im Griff: Supermarkt, Jeans, T-Shirt, Windows, Internet, Hollywood, Hits. Warum also nicht gleich dorthin? Natürlich segeln. Der Gebrauchtbootmarkt ist extrem billig, im Internet kann man schauen, und die ganz Cleveren können dort sogar Schnäppchen ersteigern. Außerdem ist da noch dieser Traum zu träumen, von Freiheit, von unbegrenzten Möglichkeiten, von einer neuen Welt.

Es dauert also nicht lange und mein Handy klingelt: Bud Fuller ist erfreut, dass ich mich für seine „Duet", eine Pearson 30 für 13 500 USD interessiere. Er will mir weitere Informationen per E-Mail senden, und er lädt mich ein, bei ihm und seiner Frau Kathy in ihrem Heim in Stamford zu wohnen, wenn ich komme, um das Boot anzuschauen. Seine freundschaftliche Art macht mich verlegen und unsicher. Das ist USA, rede ich mir ein, die sind da so, also gewöhne dich langsam wieder daran und pass dich gefälligst an. Plötzlich liegt in meiner Phantasie eine einladende lächelnde Welt vor mir, nette Kumpel, mein Boot, herrliche Küsten. Das Leben kann so einfach und schön sein. Also nix wie los. Natürlich kontaktiere ich noch zwei weitere verlockende Angebote etwas weiter nördlich von Stamford, auch im Long Island Sound, nördlich von „Big Apple", New York. Im Norden will ich starten, und es sollte Spätsommer oder Herbst sein, ich möchte dem Winter entfliehen und mit den Vögeln in den Süden ziehen.

Und ich möchte frei sein in diesem Land, so wie mein Vater einst.

Mein Vater war Mitbegründer der Amerikanistik in Deutschland, die sich anfänglich in den 1950ger Jahren gegen die bis dahin dominierende Anglistik durchsetzen musste. Aber die USA entwickelten eine derartige wirtschaftliche, militärische, politische und kulturelle Macht, dass dieser Fachbereich an den Universitäten in Deutschland immer mehr an Bedeutung gewann. Als amerikanischer Kriegsgefangener hatte mein Vater allerhand Vergünstigungen genossen, da er nachweisen konnte, dass er bereits vor dem Krieg in den USA ein Stipendium hatte, und über das Land und die Sprache eine Veröffentlichung vorlegen konnte. Seine Begeisterung übertrug sich auch auf mich. Viele Reisen, Erfahrungen und Entwicklungen in den USA ließen dann allerdings auch kritische Fragen entstehen, sie führten zu heftigen Auseinandersetzungen. Heute bin ich sicher, dass auch mein Vater, wenn er denn noch lebte, die USA in einem ganz anderen Licht sehen würde. George W. Bush hätte ganz wesentlich an der Zerstörung seines amerikanischen Traums beigetragen.

Inzwischen habe ich einen Mieter für den Gastbereich meines Hauses gefunden, er soll den Kater füttern und die Heizung überwachen. Die Prozedur eines Antrags für ein halbjähriges Visum für die USA ist abschreckend. Dann fliege ich eben nach drei Monaten über Weihnachten zurück. Die Flüge sind billig, und meine Leute werden sich freuen.

Im abendlichen Landeanflug auf New York am Montag, 15.09.2003, sehe ich die zerlappten Gestade des Long Island Sounds, unter mir Villen mit Gärten und Pools, fast endloser Reichtum, unterbrochen von mehrspurigen Straßen im Rechtecknetz, dahinter die beleuchtete Whitestone Bridge über dem East River. Das wird mein erstes großes Ziel sein, nehme ich mir vor, und ich freue mich wie ein Kind auf ein neues Spielzeug. Der Immigration Officer aber mag mein Vorhaben überhaupt nicht, ohne Adresse komme ich nicht rein ins Land. Aber wie soll ich eine Adresse haben, wenn ich auf einem Boot wohnen werde, das segelt auf dem Meer oder bestenfalls von Hafen zu Hafen! Na gut, dann eben die Adresse des Verkäufers. Er macht mir diesen Vorschlag, da solche Exoten wie ich nicht vom System erfasst wurden. Endlich bin ich draußen vor dem lebendigen Kennedy Airport Terminal, warte kurz auf den Avis-Mietwagen-Zubringerbus, 20 Minuten später habe ich einen fast neuen Chevy, Koffer rein und los in den nächtlichen Regen, hinein in den Verkehr, auf die Interstate 95 Northbound. In den Villenvierteln von Stamford ca. 30 Meilen weiter im Norden hilft mir die kleine aus dem Internet ausgedruckte Karte, sie bringt mich vor die Tür des Ehepaars Fuller, die eben die letzten Gäste eines großen Abschiedsfestes verabschieden, denn sie wollen am nächsten Morgen in ihr Winterdomizil nach Kalifornien. So komme ich um Mitternacht in den Genuss einiger übrig gelassener Häppchen, trinke kalifornischen Wein und halte die Unterlagen von „Duet", einer zehn Meter Segelyacht Baujahr 1978, in den Händen. 13 500 USD für so viel Schiff und Ausrüstung, ich kann es kaum glauben. Die Fullers machen einen sehr zuverlässigen Eindruck – es ist traumhaft. Aber ich habe das Auto für eine Woche gemietet, will noch hinauf nach Mystic Seaport, dem Mekka der Segler und Schiffsliebhaber, will auch noch einen Blick auf andere Angebote werfen, und ich muss schließlich die 20 000 USD holen, die ich meinem Freund Jörg in Providence, Rhode Island, überwiesen hatte, da es unmöglich war, als Kunde einer großen amerikanischen Bank von Deutschland aus in den USA ein Konto zu eröffnen.

Also fuhr ich am nächsten Morgen nach tiefem Schlaf im herrschaftlichen Gästeapartment und einem

guten amerikanischen Frühstück bei Fullers hinaus in
die heiße Septembersonne, mit dem klimatisierten Auto,
Tempomat und Automatikgetriebe ein Vergnügen.
Abseits der Autobahn taste ich mich entlang der
gemütlichen Neuenglandküste durch bildhübsche Orte
an verzweigten Buchten, blicke auf stille Häfen,
umgeben von saftigem Grün, und auf elegante Marinas,
treffe aufgeschlossene unglaublich freundliche
Menschen – fast ein Problem für mich, darauf
entsprechend zu reagieren, da ich das in meinem
deutschen Umfeld nicht gewöhnt bin. In Mystic finde
ich ein preisgünstiges Motel aus dem Couponbook des
Verkehrsvereins, schwimme einige Runden im riesigen
Pool und fahre dann zum Abendessen in ein All-you-
can-eat-Lokal, denn mein Appetit ist immens. Ich habe
es geschafft, ich bin im Traumland USA, alles läuft wie
geschmiert und ohne Probleme, und vor mir liegt ein
noch viel größerer Traum nun greifbar nahe. Es ist
wahnsinnig, wie schön das Leben doch sein kann.

Gerade jetzt, im Indian Summer, atmen Mystik
und das Museumsdorf diese mystische Atmosphäre im
Spannungsfeld von Tod und Leben, Gefahr und
Faszination des Meeres, die Stille und Heimeligkeit
dieses geschützten Hafens in dieser idyllischen Bucht.
Es riecht nach Teer und Ölfarbe, altes Holz wird
überhaucht von Moos und Erde, und darüber weht die
Salzluft. Nirgendwo in der Welt wird die Seele der
Seefahrt so zelebriert. Ich klettere in Frachtseglern und
Walfängern des 19. Jh. herum, krieche bis hinunter in
die Bilge, schaue in die Gesichter der ausgestopften
Seemänner die müde, aber unverdrossen aufschauen aus
ihrer klammen Bunk, wochenlang im schweren Wetter,
wochenlang ungewaschen, die Neufundlandbänke
türmen die See, was soll man machen, irgendwann
kehren sie heim, wo sie kaum noch jemand kennt.
Faszinierend auch die große Halle aus dem 18. Jh., in
der noch im traditionellen Handwerk die seetüchtigen

Neufundlandklipper gebaut werden. Wo erlebt man heute noch diese Art der Holzverarbeitung? Oder die Seilerei, hier werden wirklich noch Jute, Hanf und Sisal gedreht. In der alten Apotheke reiben Frauen in entsprechender Tracht duftende Kräuter im Mörser, versetzen sie mit Ölen und Emulsionen. Und so gehe ich einen Tag lang auf Zeitreise, erfrische mich in der Brauerei – ja, und das ist wieder typisch: Das Bier in diesem perfekt nachempfundenen Schankraum mit Kellner aus dem 18. Jh. kommt im Plastikbecher. In diesem weiten Museumsareal erlebe ich im Kino eine dokumentarische Seeschlacht, alte Filmfragmente zeigen Schiffsuntergänge und viel Blut und Leid. In der Bibliothek habe ich kostenlosen Zugang zum Internet und kann meine E-Mails beantworten.

Im Radio und im Fernsehen wird der vielleicht für dieses Jahr letzte Hurrikan „Isabell" verfolgt. Er kommt sehr weit in den Norden. Im Hafen werden alle Boote gesichert, auf Reede legen sich Schiffe an spezielle Moorings. Rollfocks werden abgenommen. In der Nacht werde ich vom gegen die Fenster peitschenden Regen geweckt, die Klimaanlage ist kaum noch zu hören. Draußen im gelben Licht der Parkanlage biegen sich die riesigen alten Eichen. Ich bin froh, noch kein Boot zu haben.

Der Morgen ist kühl und grau. Die beiden alternativen Yachten in den leicht zerzausten Häfen sind zwar noch wesentlich billiger, aber auch kleiner und schlechter ausgestattet. Langsam erweist sich das erste Angebot als Volltreffer. Nun, die Würfel sind gefallen. Das Ehepaar Fuller in ihrer Winterresidenz in Kalifornien ist froh, dass ich „Duet" kaufen will, Bud nimmt den nächsten Flieger zurück nach New York.

Drei Tage später bin ich bei Janet und Jörg in Providence, Rhode Island. Die beiden Tiermediziner leben in einem verwunschenen Spukschloss am See. Jörg war ein Schüler von mir, hat in Ungarn studiert,

Expeditionen durch Neuguinea unternommen und praktiziert nicht nur sehr erfolgreich, er liebt auch das Leben hier und wird Janet bald heiraten. Wie ein Vater seinem Sohn gibt er mir einen Scheck, damit ich mir das Spielzeug kaufen kann. Ein wenig Bargeld bekomme ich auch noch. Und dann am nächsten Tag darf ich mir sogar bei seiner Bank ein eigenes Konto einrichten. Wow! Ich habe ein Konto in den USA! Und eine Kreditkarte! Ohne die ist man ja nichts.

Über Newport fahre ich langsam zurück, meinem Segelleben entgegen. Newport ist ein Muss für eine Seglerseele, genauso wie Mystic, es ist das Zentrum des Segelsports in den Neuenglandstaaten. Nirgendwo in der Welt gibt es so viele Marinas und Marinemuseen, Yachtbroker, Charterer, historische Yachten wie hier. Draußen in der Bucht ziehen die „Historischen" wie Schwäne durch die Ankerlieger. Hier in der Altstadt an der Pier schaue ich beim Fischessen auf das rege Treiben. Die Gassen sind eng, die Häuser klein und gemütlich. Ich fühle mich fast wie in Europa. Will und James sitzen auf der Veranda mit am Tisch und wollen Seekarten kaufen, streiten sich aber, ob es nicht günstiger wäre, die ganze Kartensoftware für den Laptop zu erwerben. Wir besuchen einen Buchhandel in einem alten Backsteinhaus. Verteilt auf viele Stockwerken findet sich in kleinen niedrigen Zimmern mit knarrenden Böden Seefahrtsliteratur für alle Länder und Meere der Welt. Das Angebot ist überwältigend, die Beratung kompetent und freundlich. Ich habe zwar noch kein Schiff, aber ich weiß, wo ich hin will, also kaufe ich ein Kartenheft und ein Handbuch – völlig unnötig, da mir Bud später Berge davon schenkt.

Beim Abschied von Newport fahre ich den berühmten Oceandrive entlang: Hier dokumentieren die bekannten Namen historischer Villen wie Vanderbilt, Astor, Morris oder Wetmore den alten amerikanischen

Traum: Reichtum durch schnelle und fast ungebremste Ausbreitung, zügelloses Wachstum, Ausschöpfung aller Ressourcen. Diese Villen im palladischen Stil oder viktorianisch, historistisch oder luftig kolonial, sie übertreffen sich in Größe und Pracht. Die Rasenflächen sind gepflegt, die Anfahrtswege hinter den schmiedeeisernen Toren gesäumt von altem Baumbestand. Alle wenden ihre Beletage zum Meer. Unter den Klippen tost die Brandung des Atlantiks, und ein ständiger Hauch von Salz weht herüber. Die Götter auf dem Olymp hätten diese Wohnungen vorgezogen.

Abends im Motel werde ich wieder mit dem alltäglichen Amerika konfrontiert: In der Halle sitzen einige Untote vor dem Fernseher, sie sind von Schicksal und Schminke gezeichnet, alt und krank, geben sich trotzdem sexy. Vor meinem Fenster öffnet sich die Heckklappe eines Kombis, ein Kran schwingt aus, um einen elektrischen Rollstuhl aufzuladen. Ich liege auf dem Riesenbett und surfe durch 80 Fernsehprogramme – alle unglaublich seicht, eine Mischung aus Brutalität, gebremster puritanischer Erotik und Dummheit, ständig unterbrochen von Werbung. Diese schöne, blöde Glitzerwelt kontrastiert mit den auffällig vielen fetten Kranken da draußen. Und ich wundere mich, dass sich noch genug fähige Jungs finden für all diese Kriege in fernen Ländern, um die Quellen der Verschwendung zu sichern.

Am Sonntag, den 21.09.2003, treffe ich mich um 08.30 Uhr mit Bud in der Halloween Marina in Stamford und übernehme „Duet". Ich gebe das Auto ab und verbringe einige Tage im Haus der Fullers, um das Boot kennen zu lernen, um es zu segeln und für einen Unterwasseranstrich aus dem Wasser zu holen.
Bud hat mit unglaublicher Hingabe jedes Detail an Bord erklärt, die Maschine mit mir zusammen überholt, den Rumpf poliert und gewachst, die Ausrüstung und den Proviant in verschiedenen speziellen Märkten mit mir

besorgt. Das ist unglaublich, der Mann hat das Boot zu einem für mich günstigen Preis verkauft und arbeitet auch noch eine Woche von früh bis spät daran! Und er schenkt mir noch Handbücher und viele Karten Richtung Süden! Das Boot ist eigentlich überkomplett ausgestattet: doppelter Satz Segel, Spi, noch original verpackte neue Genua, Rettungsinsel, Dingi mit Außenborder, Sonnensegel, Dodger, Autohelm, GPS, Loran, Kisten voller Werkzeug und Ersatzteile. Wir segeln gemeinsam einige Meilen zu einer Werft, das Boot wird aus dem Wasser gehoben, gereinigt und mit neuem Antifouling versehen. Bud kann nicht genug an seiner alten Liebe scheuern, schleifen, schrubben und wachsen. Dann die Maschine: Ölwechsel und neue Zündkerzen, jawohl, es ist ein Benziner, ein Atomic4, in den USA durchaus noch üblich trotz aller damit verbundenen Gefahren. Die 36 PS laufen wunderbar leise und frei von Vibrationen. Man muss eben einige besondere Sicherheitsmaßnahmen einhalten, z.B. muss vor dem Anlassen der Maschinenraum mit Luft durchgeblasen werden. Ein „Schnüffler" meldet dann in ca. drei Minuten reine Luft und Startbereitschaft. Es ist noch immer die erste Maschine, und sie ist seltener geworden, die Amerikaner bevorzugen nun auch den Diesel Innenbords. Aber dieser alte Motorblock hat kaum Rost, alle Leitungen sind neu, alles wirkt sehr gepflegt. Bud hatte, wie viele Skipper, immer Mühe, seine Frau an Bord zu locken, aber wenn sie sich breitschlagen ließ, fing das mit guter Bootspflege an und hörte mit einem opulenten Abendessen in einer Luxusmarina auf Long Island auf.

Endlich ist alles startklar, Bud hat zusammen mit mir einige wirklich gute Geschäfte und Supermärkte aufgesucht, um „Duet" zu verproviantieren, alles ist gut an Bord verstaut, da fällt ihm ein, dass eine Versicherung wirklich notwendig wäre. Also beginnt eine hektische Telefoniererei. Boat US will aber schließlich nur mit Zeugnis eines vereidigten Gutachters mit sich reden lassen. Der kommt spontan vorbei, macht einige Digitalfotos von innen und außen, schaut in die Schiffspapiere, spricht die Fakten ins Diktiergerät, und noch am selben Abend drückt er mir das wunderbar mit Fotos ausgeschmückte Gutachten im Form einer Broschüre in die Hand. Die Versicherung ist ebenso informiert worden. Er bekommt 100 Dollar Cash, und wir trinken noch einen draußen auf der Veranda der Halloween Marina. Es riecht nach Wattenmeer, und drüben zwischen den Masten im Abendlicht liegt mein neues Zuhause. Es ist unglaublich, wie schnell und problemlos solche Dinge in den USA geregelt werden. Allerdings habe ich noch keine Steuern auf den Kaufpreis entrichtet, und ich habe das Boot nirgendwo angemeldet, und ich bin kein US Staatsbürger. Aber diese Tatsachen werden von Bud und mir geflissentlich übergangen. Von den daraus resultierenden bürokratischen Delikatessen und ihre lockeren amerikanischen Verdauungen später mehr.

Am Freitag, den 26.09., tuckere ich gegen Mittag vorsichtig aus der Marina hinaus in den Long Island Sound. Am Steg steht ein Mann mit Fotoapparat, der soeben ein Stück aus seinem Leben verabschiedet – aber man sagt ja auch: Die zwei glücklichsten Tage eines Skippers sind der Tag, an dem er sein Boot kauft, und der Tag, an dem er sein Boot verkauft.

Das Revier der großen Kontraste

Ich bin allein und ich stehe am Ruder. Hochhäuser und Villen von Stamford versinken im Bleigrau des Long Island Sound. Ich stoppe die Maschine und segle bei schwachem Wind nach Süden, hinein in die Stille und Einsamkeit, die ich so lange gesucht habe. Am Abend, bereits im Dunkeln, erreiche ich einen Ankerplatz vor City Island. Im Süden ist der Himmel orangerot vom Lichtermeer Manhattans. Und dort sind auch die Lichterketten der Throgs- und Whitestonebrücke. Morgen muss ich da durch und auch durch diesen Großstadtmoloch. Nach allem, was ich gelesen habe, ist das mit den Tidenströmungen und Strudeln nicht so einfach. Ich bin schon lange nicht mehr auf eigenem Kiel gefahren, habe etwas Angst, denn alles ist neu. Aber jetzt ist es noch ruhig, ich trinke einen Wein im Cockpit und genieße die Stille angesichts dieser Riesenstadt am Horizont, genieße auch die Erwartung auf die Erfüllung eines Traums: einmal auf eigenem Kiel durch den East River mit dem Blick auf dieses großartige Panorama und dann noch an der Freiheitsstatue vorbei!

Der nächste Morgen findet mich überglücklich. Der Anker hat gehalten, ich habe ruhig geschlafen und nach einem ausgiebigen Frühstück in der herrlich warmen Morgensonne so gegen 11.00 Uhr stimmt auch die Tidenplanung, und es geht Anker auf. Dieser Tag bedeutet einen Höhepunkt in meinem Leben: äußerste Konzentration und Spannung auf dem Weg entlang dem East River mit seinen Strömungen, Strudeln und Untiefen, gleichzeitig die Faszination beim Anblick dieser Metropole, des hektischen Verkehrs zu Wasser, am Ufer und in der Luft. Bei langsam laufender Maschine mit dem Strom und in günstigen Situationen mit halber Genua genieße ich diese großartige Strecke voller Gefahren und spektakulärer Anblicke: Hellgate, Millrock, die UNO, das Chrysler Building und – ich kann es immer noch nicht fassen, das World Trade Center fehlt wirklich. Und dann, viel zu schnell, Battery Park, die Freiheitsstatue und der weite Upper Bay. Ich möchte direkt hinter der Statue ankern, aber es ist zu windig und rau dort, leider, und so muss ich mich von diesem Spektakel trennen und in die Industrieruinenwelt des Kill van Kull flüchten. Hier im trüben engen Fahrwasser ist es schwierig, einen Ankerplatz zu finden. Vorsichtig mit Echolot und Handlot taste ich mich zwischen zwei morsche Pfosten der alten Anlegestelle einer aufgegebenen Fabrik, binde mich dort fest und kann die grün schimmernde Freiheitsstatue in der Abendsonne und Manhattan gerade noch erkennen. Ich genieße also den Kontrast dieser Weltstadt vor einer Kulisse des Verfalls, mache mir ein reichhaltiges Abendessen mit Kartoffeln und Dosenfleisch, trinke guten Wein und erlebe das Aufleuchten des Lichtermeers im Hereinbrechen der Nacht. Die ganze Nacht hindurch dröhnen Schlepper mit riesigen Containerschiffen ganz dicht vorbei – eine Stadt, die niemals schläft.

Der Schlaf wird zusätzlich noch von heftigen Böen und Regenschauern gestört. Die Sprayhood hat eine undichte Stelle und der Kiel steckt jetzt bei Niedrigwasser im Schlamm. Müde und ärgerlich begegne ich einem nasskalten Morgen, der Wetterbericht verkündet noch mehr Regen. Also wage ich mich nicht auf den Atlantik, bleibe in diesem Loch und nutze den Sonntag, um all die vielen Dinge zu sichten, zu ordnen und um auch gründlich in den letzten Winkeln zu putzen. Es ist erstaunlich, wie groß ein kleines Boot unter diesem Aspekt sein kann. Und immer noch stoße ich auf überraschende Funde. Was hat nicht der Bud Fuller alles angeschafft und gesammelt! Hunderte von Schäkeln und Rollen, Dichtmittel, Reparaturtapes, Medikamente, Farben, Lacke, Pflegemittel. Ich habe noch nie an einem Sonntag so viel gearbeitet. Ein Tag reicht auch nicht aus, um die vielen Gebrauchsanweisungen und Handbücher zu lesen. In der Wanne unter dem Motorblock mischt sich Wasser mit Öl. Ich werde diesem Phänomen besondere Aufmerksamkeit schenken müssen. Es ist ebenso lebenswichtig, den Stoffwechsel des Schiffes wie den

eigenen zu beachten. Ich werde weiterhin im „Salon"
schlafen und das Vorpiek als Abstellraum nutzen.

Das erste matte Licht eines kalten Morgens
wirft mich an Deck. Es wird höchste Zeit, mich vor den
Kaltfronten nach Süden zu retten. Um 06.00 Uhr sind
die Leinen los, und während ich einen Assam trinke,
nähere ich mich langsam unter vollen Segeln der
riesigen Verrazano Bridge. Welch ein Augenblick: In
der frühen Morgensonne Manhattan hinter mir, die
rauschende Brücke über und der Atlantik vor mir. Eine
leichte Brise aus NW schiebt mich einladend in diese
sanfte Weite hinaus, vorbei an Untiefen durch die
berüchtigten Narrows und vorbei an den letzten
Fahrwassertonnen. Weit draußen sehe ich plötzlich an
Backbord riesige grüne Brecher, die Romer Shoals. Ein
erster Vorgeschmack auf die Welt der Sandbänke, die
mir von nun an bis zu den Bahamas die Navigation
schwer machen. Soll ich diesen Kurs beibehalten und
nach Hause segeln, nach Europa? Ach nö, lieber nach
Süden, der Wärme entgegen. Da drüben ist erst mal
Sandy Hook, vielleicht dort hinter Dünen und Stränden
vor Anker gehen, mit dem Beiboot an Land und endlich
mal wieder eine Strandwanderung machen? Aber der
Wind ist einfach zu günstig, der sollte so lange wie
möglich genutzt werden. Andererseits gibt es an der
Ostküste nur wenige Inlets, hinter denen sich Häfen
oder auch eine paradiesische Ruhe in unberührter Natur
finden. Manasquan wäre das nächste Schlupfloch. Was
sagt denn das GPS, wann erreiche ich diese Einfahrt bei
dieser Geschwindigkeit? Das GPS aber sagt nichts, da
irgendwo eine Sicherung defekt ist, also Batterien
nehmen oder ein Kabel für den Zigarettenanzünder. Ich
kann aber auch mal selber peilen und eine gute alte
terrestrische Navigation durchführen. Also es könnte
17.00 Uhr werden. Na super. Ablandiger Wind, Stärke
5–-6, kaum Wellen, da ich nur 1–-2 Meilen Abstand
vom Strand habe. „Duet" ist sehr rank, legt sich also

auch bei wenig Wind stark auf die Seite. Der Gaskocher
und vieles mehr krachen zu Boden. Ich muss stark
reffen, das Boot jagt dennoch mit 6 Knoten dahin. Ich
hätte das Dingi an Deck nehmen sollen, es schlägt trotz
großem Abstand immer mehr voll Wasser. Ich habe alle
Mühe, es heranzuziehen und etwas hoch zu binden. Jetzt
stoppen und es an Deck hieven, würde zu viel Zeit
kosten. Um 16.30 Uhr bin ich an der Ansteuerungstonne
von Manasquan. Aufkreuzen in dem enger werdenden
Fahrwasser wird langsam mühsam. Nun soll die
Maschine mal zeigen, was sie schafft gegen Wind und
Ebbstrom. Sehr langsam kommt der Wellenbrecher
näher. Rechts und links bricht eine gewaltige grüne See.
Im warmen späten Licht Wellenreiter, die von der Mole
aus gefilmt werden. Jetzt wird mir erst bewusst, welch
eine See dort weiter draußen im Atlantik stehen muss.
Ich tuckere nun in eine geschützte Welt der Teiche,
umrandet von Schilf und Gräsern, übersät von
unzähligen Vögeln. An einem kleinen Kanal mit
Brücken und Stegen findet sich ein gemütlicher Ort,
eine Marina und eine Bootstankstelle, dort mache ich
nach 40 Seemeilen fest, es ist 18.00 Uhr. Keiner ist
mehr da, die breiten Straßen zwischen den Villen sind
leer, hinter den Vorhängen glimmt nun wohltuendes
Glühlampenlicht, man ist zu Hause.

Am nächsten Tag ein ähnliches Wetter, ich
erreiche Barnegat Inlet nach 24 Seemeilen und sechs
Stunden. In einem verzweigten Netz von Buchten und
Seen finde ich einen idyllischen Ankerplatz. In nächster
Nähe Pelikane, Blue Jay, Gänse. Es riecht nach Watt
und Gras. Hinter Dünen und Marschen ein paar flache
Häuser und lange Stege mit Fischerbooten. Einige
andere Yachten kommen herein und suchen ihre
Ankerplätze. Der Wind hat sich gelegt, und es wird sehr
still. Heute Abend weiß ich, dass es richtig war, diese
Reise zu machen. Langsam weichen Angst und
Unsicherheit einer tiefen Glückseligkeit, gerade hier

umgeben von dieser Natur. Nur – wieso kann eigentlich der Reiher dort zehn Meter von mir entfernt auf dem Schlick laufen? Na, denn gute Nacht. 07.00 Uhr Anker auf. Ein blutroter Sonnenaufgang verkündet nichts Gutes. Die anderen schlafen noch. Mit Automatiksteuer (Autohelm) ganz langsam voraus. Ich stehe auf dem Vordeck und verstaue den Anker im Ankerkasten, da sehe ich vor mir eine Sandbank. Ich stolpere nach achtern, reiße den Autohelm aus der Pinne, hart Steuerbord, zu spät, rumms, ich sitze fest. Maschine voll zurück, krängen, dies und das, der Ebbstrom ist schneller und jede Minute sitze ich fester. Peinlich. Na, die anderen schlafen noch und sehen nichts, aber nachher, wenn sie gemütlich nach dem Frühstück auslaufen, dann kommen sie an mir vorbei, und dann werden sie mich hoch auf dem Trockenen liegen sehen und mir freundlich zuwinken, denn helfen können sie dann nicht mehr. In diesem Moment braust ein Fischer mit 200 PS Außenborder vorbei. Seine Heckwelle rollt gegen die lahme „Duet", scheint sie etwas damit zu lockern vom festen Griff des Sandes. Der Fischer schaut sich um, scheint einen Moment zu zögern, dreht dann in einem Bogen zurück, wirft mir wortlos eine Leine zu und deutet auf die Bugklampe. Der Außenborder heult auf, die Leine strafft sich im rechten Winkel zur Fahrtrichtung und dreht mein Boot mit dem Kiel aus dem Sand heraus. Ich werfe ihm die Leine zu und will ihm die Rettung mit Wein und Bier bezahlen, aber er lacht, „you are welcome", gibt Gas und ist schon weg. Ich kann meine plötzliche Freiheit noch gar nicht begreifen, der Kiel aber stumpft schon wieder auf und ich muss sehen, dass ich hier endlich tieferes Wasser finde. Marker und Fahrwassertonnen sind hier wirklich sehr selten, das Wasser ist trüb und niemand fährt mir voraus. Ganz langsam mit ständigem Blick auf das Echolot und per Hand steuere ich in den Kanal. Was ist das? Da liegt doch eine Segelyacht hoch auf einer Bank, der Niedergang ist offen und im Vorbeifahren kann ich hineinschauen, da sitzt ja jemand und schaut zu mir herüber, ich trau mich nicht zu winken, das hätte ich ja sein können.

Kurzinformation für die US-Ostküste

Ein Tiefgang von 1,60 Meter geht noch, aber es wäre alles einfacher mit einem Meter, und man könnte noch ganz andere Buchten und Flüsse befahren. Es ist unbedingt wichtig, den zuverlässigen Wetterbericht, der nonstop vom Band läuft, abzuhören und in engen Gewässern mit zwei wirklich gut haltenden Ankern zu liegen. Außerdem sollte man in Tidengewässern ständig die Tide im Kopf haben und bei allen Manövern mit einbeziehen. Trotzdem kann es immer wieder vorkommen – trotz Echolot und extremer Vorsicht –, dass man in den unbekannten Gewässern auf eine Sandbank läuft oder versetzt wird. „Tow Boat US" oder „Sea Tow" ist dann per Sprechfunk schnell erreichbar – das Abschleppen ist meist problemlos und bei entsprechender Versicherung kostenlos. Selbst Erfahrene, die jährlich die Küste rauf- und runterfahren, geraten manchmal auf Grund, da die Markierungen fehlen oder nicht schnell genug den Veränderungen angepasst werden. Auch die Küstenwache ist sehr hilfsbereit und gibt Auskunft über Gefahren. Draußen auf dem Atlantik bei ablandigem Wind und Automatiksteuerung kommt man ausgesprochen bequem und schnell voran. Aber in den Inlets und dem ab Norfolk parallel zur Küste verlaufenden Intracoastal Waterway (ICW) muss man mit den Flachwasser- und Tidenproblemen leben.

Auf der langen Reise nach Süden kann man immer wieder entscheiden, ob man nun draußen oder drinnen fahren möchte. Die Gegend um Cape Hatteras sollte allerdings doch im ICW gefahren werden. Die

Sandbänke am Kap reichen so weit in den Atlantik hinaus, dass man einen sehr weiten Bogen machen muss, dass bedeutet mehr als zwei Tage und Nächte segeln – ohne Schlaf, und dass ist allein schlecht zu machen. Der ICW führt außerdem hier durch eine recht weitläufige Wasserwelt aus sehr breiten Flüssen und Seen, die freies Segeln erlauben, es gibt unglaublich viele und einsame Ankerplätze, gemütliche Orte und eine relativ bequeme Versorgung. Das kleine malerische Belhaven z.B. bietet einen geräumigen und geschützten Ankerplatz, aber auch einige kleine Marinas. Eine Marina kostet dort ca. 1 USD pro Fuß, es gibt ein Restaurant, Duschen, Waschmaschinen mit Trockner, Fernsehraum, Wasser, Strom, ein Auto für eine Fahrt zum 6 km entfernten Supermarkt. Wenn man vor Anker liegt, muss man mit dem Dingi an Land und die 6 km laufen. Das ist das Versorgungsproblem überhaupt in den USA: Die Geschäfte und Supermärkte sind fast immer in den Malls weit außerhalb, und ohne Auto ist man in den USA kein Mensch. Fußgänger werden misstrauisch angeschaut und auch mal von der Polizei kontrolliert. Deshalb ist ein Fahrrad an Bord sehr praktisch. Aber es gibt auch sehr viele und gute Handbücher wie z.B. „Skipper Bob", die Stellen aufzeigen, wo man mit dem Beiboot recht dicht an die Versorgung herankommt, wo ganz nah eine Bücherei mit kostenlosem Internet zu finden ist oder wo eine Marina mal nur 50 Cent pro Fuß kostet.

Vom Barnegat Inlet bis Norfolk

Der Wind schläft ein, die Segel schlagen in der Dünung. Es bleibt mir nach einer Stunde warten und relaxen in der Sonne nichts anderes übrig, als den Motor zu starten, um wenigstens bis Atlantic City zu kommen. Welch ein Kontrast, ein Schock, vom Meer kommend hinein diese Hochhauswelt, hinein in diese künstliche

Stadt, die nur aus Spiel und Glamour besteht, das Las
Vegas des Ostens. Über Sprechfunk erfahre ich die
extremen Preise der Marinas, es gibt nur einen
Ankerplatz weit weg in der Pampa, und ich muss
einfach jetzt an Land, muss mich mal bei meiner lieben
Reny melden, muss auch mal frische Lebensmittel
einkaufen. Um 15.00 Uhr bin ich fest an der Pier des
Museums Ocean Life Center, 38 Dollar nur der Platz,
keine Duschen, keine Toiletten. Ich laufe los, unsere
Telefonzeit ist 16.00 Uhr, also 22.00 Uhr in
Deutschland. Ich renne durch Neubauviertel, Bauruinen,
über riesige Parkplätze Richtung Zentrum. Endlich
finde ich ein einsames Telefon an einer windigen
Straßenecke, aber Reny ist nicht da. Also wenigstens
einkaufen. Nach einer Stunde finde ich einen kleinen
schmierigen Laden, mexikanische Inhaber,
heruntergekommene Kunden aus der Nachbarschaft:
Penner, arme Rentner, ein paar Bauarbeiter. Das
Gemüse, hoch gezüchtet, gespritzt, bestrahlt, trotzdem
vergammelt. Ich kaufe Mayonnaise, weil es keine Butter
gibt, schrecklichen Chesterkäse (was sonst?), Bier und
Kerzen. Alles wird nun mühsam in Plastiktüten an Bord
geschleppt.

Nach dem Essen besuche ich Bob auf seinem
Motorboot nebenan. Ich bringe Bier mit, und wir sehen
etwas Schrott im TV. Der Wetterbericht meldet den
ersten Frost für die Nacht, und morgen soll es Starkwind
geben. Bob arbeitet als Croupier, er wohnt auf seinem
Boot, weil das billiger ist. Er hasst die Stadt, nur Sex
and Crime, sagt er, aber er findet keinen anderen Job.
Als ich aus seinem Boot klettere, schlägt mir klirrende
Kälte entgegen. Es ist dunkel geworden, und ich schaue
gebannt auf die faszinierende Glitzerwelt. Jeder
Wolkenkratzer wirbt mit Lichtspielen, es funkelt und
blitzt an den Fassaden, und ganze Bilder bauen sich auf.
Der tagsüber goldene Turm gegenüber changiert nun
wie ein Chamäleon in allen Farben. Es ist wirklich

grandios! Aber es ist bitterkalt, und im Bauch der „Duet" krieche ich unter alle verfügbaren Decken und Pullover.

2. Oktober, ein klirrend kalter Morgen. Der Gaskocher heizt den Salon und kocht den Tee. Ich ahne nicht, dass es der schlimmste Tag auf dieser Reise und in meinem gesamten Seglerleben werden soll. Ich denke an den Intracoastal Waterway (ICW), der auch schon hier in zu flacher Version parallel zur Küste verläuft, allerdings für mich längst nicht tief genug. Auch die Brücken sind extrem niedrig und öffnen sich nicht mehr für größere Boote. Der eigentliche ICW beginnt in Norfolk mit Meile 0. Der Wetterbericht meldet Nordwind 20 Knoten, das ist zwar recht frisch und kalt dazu, aber so komme ich schnell nach Süden. Draußen bauen sich recht hohe lange Wellen auf. Bereits um 13.30 Uhr bin ich vor dem Inlet von Cape May. Viele Yachten kämpfen sich mühsam mit mir gegen den Tidenstrom hinein in das kochende Wasser in der engen Einfahrt, rechts und links donnern die Brecher auf den Strand. Endlich geschafft, doch die Lagune ist rappelvoll, es gibt praktisch keinen Ankerplatz mehr, und der Wind nimmt weiter zu auf jetzt 30 Knoten. Eine Stunde motore ich herum und suche einen Platz – aussichtslos. Auf einer Yacht winkt man mir zu, ich verstehe, ich könne längsseits kommen und mit denen im Päckchen liegen. Nach dem 3. Ankermanöver endlich treibt „Duet" perfekt nahe an die Seite dieser Yacht, ich will soeben eine Leine hinüberwerfen, da höre ich das hysterische Schreien der Ehefrau des Skippers, der nun auch mir zu verstehen gibt, ich solle Abstand halten und verschwinden. Meine Ankerleine ist extrem steif bei dem Winddruck und ich spüre, dass der Anker nicht hält. Also langsam voraus mit der Maschine und wieder auf das Vordeck, wo ich über das Beiboot falle und mir beinahe die Hand breche. Mühsam ziehe ich die Leine ein, der Abstand zur „feindlichen" Yacht

vergrößert sich. Endlich, nach mehrmaligem Hin- und Herlaufen zwischen Vordeck und Cockpit, bin ich wieder im Fahrwasser und klariere jetzt mit schmerzenden Händen, da ich keine Handschuhe dabei habe – Riesenfehler – den neuen schweren Bruceanker mit langem Kettenvorlauf. Der Wind pfeift und drückt mein Boot sehr schnell auf die Seite der Ankerlieger. Also, jetzt muss es gelingen, ich muss jetzt zwischen die „feindliche" Yacht und einem Nachbarn, denn dort ist immer noch mehr Platz als anderswo. Aber wie es der Teufel will, ich schaffe es nicht bis zum Vorschiff, um dort die Ankerleine zu belegen, ich muss wieder ans Ruder und mit Vollgas von den Ankerliegern weg. Die Ankerleine rutscht mir dabei durch die Finger, das Blut spritzt und weg ist sie. Der neue Anker mit Kette und Leine für 200 Dollar ist weg. Ich könnte heulen vor Schmerz und Wut. Ich wickle Lappen und ein Unterhemd um die Hände und werfe noch mal den leichten Danforth, mehr Anker habe ich jetzt nicht mehr. Und wieder treibe ich auf die „feindliche" Yacht zu. Endlich liege ich in einem Abstand von fünf Metern neben der hysterisch kreischenden Frau, die nun per Sprechfunk die Coastguard ruft. Während ich die Wunden wasche und mit Jod versorge und dabei das Gefühl nicht loswerde, dass der Anker sich jetzt wirklich tief eingräbt, braust das graue Kriegsschiff der Coastguard heran. Gischt spritzt über Deck, als sie langsam längsseits kommen, die Fender quietschen, und ein Uniformierter springt zu mir herüber. Er grüßt mich freundlich und meint, hier könne ich nicht bleiben, der Platz sei wirklich zu eng, und er hätte da was Besseres für mich. Er sieht meine blutigen Hände, macht mir aber keine Vorwürfe, sondern bietet an, mir beim Ankern zu helfen. Er zieht also den Anker hoch, ich stehe am Ruder und gebe Gas, zu zweit ist das kein Problem, aber der Arme wird ganz schön nass da vorne. Wir finden einen Platz in einem sehr seichten Teil der Lagune, und tatsächlich steckt der Kiel bei Niedrigwasser im Schlamm. Aber das ist weniger schlimm. Wir trinken ein Bier zusammen, bevor seine Kameraden ihn wieder abholen, und ich versuche dabei, meine Schmerzen zu unterdrücken. Welch ein freundlicher Service der Küstenwache! Er wünscht mir einen angenehmen Aufenthalt in den USA und eine sichere Reise. Keine Gebühr, keine Vorhaltungen, keine Verwarnung. Seine Leute können nicht näher herankommen, es ist zu flach. Mein Beiboot ist noch an Deck, was jetzt? Sie winken und lachen, aus seinem tragbaren UKW Gerät plärrt der Kapitän, er solle die Nacht bei mir bleiben, alle lachen. Ich nestle schon an der Leine herum und will das Beiboot klarmachen, muss ja sowieso morgen an Land und einen neuen Anker kaufen, da kommt das graue Monster mit voller Kraft auf uns zu, bahnt sich seinen Weg durch den Schlick, der hohe Bug kommt näher und höher, der Mann reckt sich, greift das Süll und eine Leine, seine Kumpels packen ihn an den Armen, und hoch geht's, während die Maschinen aufheulen und voll rückwärts den Schlamm mit Wasser mixen. Wow, das sind Männer und ein eingespieltes Team. Ich ziehe mich waidwund mit geknicktem Selbstbewusstsein zurück, Kiel im Schlamm, alles nicht so schlimm, wenn nur der kleine Anker hält, alles wieder mal am seidenen Faden. Ich kann gerade noch einen Rotwein entkorken und eine Tüte Chips aufreißen mit diesen Händen, falle auf die Koje und versuche mit einem spannenden Buch über abenteuerliche Segeltörns das Heulen in der Takelage und das sanfte Stoßen des Kiels im Schlamm zu vergessen.

Nach tiefem Schlaf weckt mich eine grelle Sonne am späten Morgen über einer ruhigen Bucht. Ein gepflegtes Frühstück bringt mich wieder in beste Stimmung, nur um dann vom kräftig gefallenen Ölstand in der Maschine geschockt zu werden. Also hinüber in die Marina, tanken, Öl, Handschuhe und neuen Anker kaufen und dann langsam mit Maschine durch den idyllischen Kanal zur großen Mündung des Delaware. Auch dort kein Wind, also hinübermotoren zum Kap Henlopen. Dort finde ich einen geschützten Ankerplatz am einsamen Strand hinter einer Mole. Eine Yacht liegt schon dort, und weil wir wohl die einzigen bleiben werden für die Nacht, nehmen wir schließlich Sprechfunkverkehr auf. Wir unterhalten uns recht lange über unsere Routen bevor wir endlich merken, dass wir beide Deutsche sind und deutsch reden können: Fred Volker ist mit seiner Frau Monika auch nach Süden unterwegs, wie jedes Jahr und das schon fast 20 Mal. Sie leben seit 40 Jahren in Connecticut, haben gut verdient und sind vorzeitig in Rente gegangen. Auf ihrer großen Segelyacht „Sagitta" werde ich zum Sundowner und schmackhaften Häppchen eingeladen. Zum ersten Mal werfe ich das Beiboot ins Wasser, befestige daran den Außenbordmotor, werfe Paddel und Taschenlampe ins Boot, klettere über die Badeleiter selbst hinein, ziehe das Starterseil und, oh Wunder, der Jockel springt an! Jetzt ist eine Ehrenrunde um „Duet" fällig, das arme Boot, das mit so einem dappichen Skipper aushalten muss, erscheint aus dieser Perspektive wirklich grandios! Aber welch ein schwimmender Palast ist erst „Sagitta"! Die beiden wollen morgen den Delaware hinaufsegeln und dann durch den Kanal in den Cheasapeake Bay. Ich will darauf verzichten, weil die Kaltfronten aus dem Norden immer häufiger einfallen und ich so schnell wie möglich in den Süden fliehen will. Das wäre aber schade, sie schwärmen vom Cheasapeake, es gäbe überhaupt nur drei wirklich schöne Reviere an der Ostküste: Maine, Cheasapeake und die Bahamas. Klar, mit dem Oktober sind wir wirklich spät dran, dann muss man eben etwas schneller durch das Paradies. Andererseits können aber auch immer noch Hurrikane kommen, dann ist man im Norden sicherer.

Am frühen noch dämmrigen Morgen höre ich Fred drüben am Anker, Monika steht am Ruder, sie nutzen den Südwest für ihre Fahrt auf dem Delaware. Ich bleibe und lecke meine Wunden, die ohne Verband und Pflaster besser heilen, behebe Fehler in der Elektrik, suche vergeblich nach dem Ölleck, ruhe mich aus. Es ist ein herrlicher Tag ganz allein in dieser Umgebung von Meer und Sandstrand. In der Nacht dreht plötzlich der Wind auf Nord, und ich liege auf Legerwall. Unterm Kiel sind nur noch drei Fuß. Ich bringe den zweiten Anker aus. Das ist genau die richtige Entscheidung, der Wind nimmt zu, aber es können sich dank des Wellenbrechers da draußen keine großen Seen aufbauen. Trotzdem ist die Nacht nicht entspannend.

Am kalten sonnigen Morgen des 5. Oktober um 7.30 Uhr Anker auf und hinaus auf den Atlantik. Eine sanfte Briese treibt uns entlang einsamen Stränden nach Ocean City. Dort trifft mich das nächste Desaster: Obwohl ich einen schönen Ankerplatz gefunden habe, beschleicht mich das Gefühl, dass es zu flach ist unterm Kiel. Während ich noch die Gezeitentabelle studiere, sehe ich eine große Segelyacht hereinkommen und zielstrebig in der Nähe der Brücke vor Anker gehen. Aha, das ist wohl der ideale Platz. Also wieder in die armen Hände gespuckt und auf geht's in die Nähe dieser Yacht und rumms, ich sitze fest auf Sand, die Strömung drückt „Duet" kräftig gegen diese Sandbank, die auf der Karte nicht verzeichnet ist. Es hilft kein Manöver, das Wasser läuft ab, und ich werde bald flach liegen. Die Zeit drängt, „Tow Boat US", über Sprechfunk angefordert, ist in zehn Minuten da, eine Leine wird herübergeworfen und am Bug über die Klampe gepresst, sie ist zu dick für die Klüse und deshalb wird eine Positionslampe abgerissen. Aber mein Boot ist frei, ich zahle 250 Dollar und schließe für einen weiteren Zuschlag von 90 Dollar eine erweiterte Versicherung ab: Von nun an kann ich überall an der Ostküste inklusive Bahamas kostenlos von Tow Boat US abgeschleppt werden. Nun liege ich wieder am alten Platz, und es ist zu spät, um an Land zu gehen, d.h. ich habe keine Lust mehr. Die Leute von der „Northern Goose" bringen mir zum Trost Bier vorbei. Meine Wunden bluten wieder, und ich gehe früh in die Koje. In der Nacht dann das zweite Unglück: Ich wache von einem starken Rauschen auf. Das Boot liegt irgendwie leicht schräg und ruckt. Verdammt, was ist denn jetzt wieder? Hastig ziehe ich mich an und stolpere an Deck. Im Schein der hellen Front von Ocean City sehe ich sofort das seltsame Schauspiel: Alle Yachten liegen hübsch ausgerichtet mit dem Bug zum Ebbstrom, nur ich nicht, ich liege quer. Das Wasser gurgelt unter starkem Druck auf den Anker an „Duet" vorbei. Es dauert eine Zeit bis ich begreife, dass sich die Ankerleine um den Kiel gewickelt hat. Mit dem Bootshaken, zum Teil vom Beiboot aus, schaffe ich es endlich „Duet" aus dieser Lage zu befreien. In den nächsten Tagen ist das noch zweimal passiert, immer wenn der Strom kentert, kann der Kiel oder auch das lange Ruder so ungünstig in die Ankerleine geraten, dass dann diese hilflose Lage eintritt. Erst in Charleston kann ich von einem nahe gelegenen Schrottplatz ein schweres eisernes Ankergewicht besorgen, um dieses Problem endgültig zu lösen. Auch andere Yachten hatten zuweilen dieses unangenehme Erlebnis, das im schlimmsten Fall auch die Schraube beschädigen kann, zumindest aber das Antifouling abscheuert. Ab Merritt Island, Florida, hatte ich dann auch noch einen Anker mit langer Kette ohne Ankerleine, dann ist man sowieso auf der sicheren Seite. Bud hatte mir nichts von dieser unglücklichen Möglichkeit erzählt, vielleicht auch, weil er so gut wie nie geankert hat, da seine Frau immer in der Nacht in einer Marina sein wollte.

    Es ist Montag und die Geschäfte sind auf – quatsch, in den USA sind die Supermärkte auch am

Sonntag auf. Ich muss mal wieder einkaufen, frisches
Gemüse, Fleisch, Diafilme. Und nun beginnt das
nächste Problem: Die Besatzung einer benachbarte
Yacht klärt mich auf, in Ocean City selbst gebe es nur
Kneipen, Hotels, Strandbars, Spielhallen. Der Mall mit
riesigen Supermärkten ist weit weg, aber mit einem
schnellen Beiboot erreichbar. Toll, warum nicht mit
dem Dingi einen Ausflug machen, der Außenborder
muss ja auch mal richtig warm laufen. Die Sonne ist
herrlich warm, das Wasser der Bucht ruhig, also los
geht's, unter der Brücke durch und einen langen Kanal
hinauf. Ich finde einen schönen Steg, schließe das Boot
mit Kette und Schloss an und wandere und wandere,
vorbei an Industrie, Tankstellen, über Autobahnen,
endlich der Mall. Allein der Parkplatz inmitten dieses
Gevierts von Supermärkten ist so groß, dass ich mir
zweimal überlege, ob ich noch rüber gehen soll nach
Staples wegen der Filme. Nach Stunden setzt sich die
Erkenntnis durch, dass es in den USA keine Diafilme
gibt. Und wenn, dann ist das Datum abgelaufen, und sie
kosten ein Vermögen, außerdem können sie erst nach
Wochen entwickelt werden. Wir schreiben das Jahr
2003, und man fotografiert für Papierbilder oder digital.
Das muss man als Europäer auch erst mal begreifen.
Mühsam schleppe ich die Plastikbeutel zum Boot
zurück. Da liegt noch immer „Duet" und wartet auf
mich brav im Strom. Am Nachmittag endlich kann ich
mich auf der Strandpromenade als Urlauber fühlen,
kann mal so richtig Fisch essen, ein großes kaltes Bier
trinken, auf den Atlantik schauen, so aus sicherer
Entfernung, die Füße ausstrecken und die wenigen
hübschen Mädchen anlächeln. Natürlich rufe ich auch
daheim an und berichte von unglaublich schönen Tagen
im Land des Lächelns.

     Endlich ein herrlicher, warmer Morgen. Es
weht ein schwacher Wind vom weit entfernten
Golfstrom, und ich habe Lust auf den Atlantik. Der

Wetterbericht ist gut. Aber warum fahre ich ganz alleine
hinaus? Schlafen die anderen noch? „Duet" ist leicht
übertakelt und sehr rank. Bei diesem schwachen Wind
entwickelt sie eine erstaunliche Geschwindigkeit. Die
große Genua zieht uns durch eine lange hohe Dünung.
Bis zum Cheasapeake sind es noch über hundert
Seemeilen, also keine Tagesetappe. Bei Müdigkeit oder
schlechtem Wetter müsste ich eines von wenigen sehr
kleinen und zweifelhaften Inlets anlaufen. Also, Junge,
stell dich auf einen langen Törn ein und bleibe wach!
Aber bei diesem Bilderbuchwetter ist es kein Problem
durchzuhalten. Wie ein Tourist im Liegestuhl eines
Kreuzfahrtschiffes betrachte ich die Strandlandschaft an
Steuerbord, werde manchmal vom Schnaufen eines
Delfins dicht neben mir erschreckt, mache eine Dose
Eintopf warm, trinke Cola. Um 14.00 Uhr an Steuerbord
die Brecher der Chincoteague Shoals, gefährliche
Sandbänke, aber GPS Navigation und Echolot halten
mich auf der sicheren Seite. Und immer noch bin ich
allein. Wo sind die Tausende, die in den Süden reisen?
Später erfahre ich, dass fast alle den Weg durch den
Cheasapeake nehmen. 19.30 Uhr Sonnenuntergang ganz
ohne Wolken querab von Quinby Inlet. Nun also
endgültige Entscheidung für eine Nacht auf See. Das
Meer wird pechschwarz, und ein Himmel mit nie
gesehener Menge an Sternen weckt lange vergessene
Gefühle: Wie unglaublich klein und unwichtig bin ich
doch, und trotzdem, ich bin da und bin ein Teil von
diesem Kosmos, ich nehme dich wahr, ich nehme mir
frech von deiner Energie und komme weiter in dir, das
macht mich stark trotz aller Angst, das macht mich
unendlich glücklich trotz allen Respekts. In diesem
unendlichen Meer von Zeit und Raum schwimme ich
auf dieser dünnen Haut von Lebensraum, ganz allein in
diesem Augenblick, der nie wieder sein wird, mein Herz
schlägt, die Organe sind gesund, ich kann denken und
fühlen, atmen und sehen. Im Masttopp leuchtet ein

schwaches Licht wie ein Stern unter Sternen. Hier unten glimmt das Display des GPS und sagt mir: noch neun Stunden bis zum Ziel. Um 3.00 Uhr in der Nacht, ich befinde mich querab von Cape Charles, schläft der Wind ein. Tau legt sich auf das Boot, alles wird nass und klamm. Es ist warm und feucht wie im Rachen eines großen Fisches, und es riecht auch so. Also Maschine starten und langsam weiter summen. Dieser Atomic4 ist wirklich angenehm sanft und leise. Um 05.15 Uhr Thimble Shoal Channel, d.h. ich quere die riesige Anlage des Bay-Bridge-Tunnels und fahre in den Cheasapeake Bay. Hinter mir die schwarze Wand des Atlantik, vor mir ein Lichtermeer: Schiffe, Leuchtfeuer, Städte. Ein riesiger Tanker überholt mich plötzlich von hinten, vor mir überquert ein Schubverband das Fahrwasser. Wo ist das Fahrwasser, das nach Little Creek führt und was ist das eigentlich für ein Ort dort drüben in dieser Glitzerwelt? Ich zähle die Tonnen, lese die Nummern ab, renne ständig zwischen Kartentisch und Cockpit hin und her, bin voll wach. Trotzdem, je näher ich meinem Ziel komme, desto verwirrender sind die Leuchtfeuer, desto enger und flacher werden die Fahrrinnen. Ich entscheide mich, bis Sonnenaufgang zu warten, der ist ja schon um 06.30 Uhr. Herrlich, wie es graut, die Nacht und die Beklemmung weichen, ich habe die Strecke von 109 Meilen problemlos geschafft, jetzt nur noch das Nadelöhr finden, die Einfahrt in einen dieser riesigen Kriegshäfen. Grau und gespenstisch recken sich nun die Kräne und Masten, Raffinerien und Wassertürme in den Nebel. Ja, dort ist ja auch die Mole, das rote und grüne Feuer der Einfahrt, stimmt genau mit GPS und Peilung, also jetzt volle Fahrt voraus und hinein in diese Menschenwelt, vorbei an Schlachtschiffen, Fabrikhallen und Villen, hinein in eine riesige Marina mit Hunderten von Yachten. Einfach irgendwo in eine Box, festmachen, zum Hafenmeister in sein Büro. Der ist freundlich und meint ich könne da erst mal bleiben für 40 Dollar. Dann, todmüde, aber, es muss sein, die erste herrliche heiße Dusche seit Beginn meiner Reise, seit ich im Haus der Fullers war. Noch nie habe ich eine Dusche so genossen. An den Stegen beginnt nun ein neuer Tag, verschlafene Gesichter blinzeln aus den Niedergängen, stolpern in das Sonnenlicht, ich hingegen verschwinde unter Deck und falle in einen tiefen Schlaf.

Erst am Nachmittag erwachen meine Lebensgeister wieder. Diese komfortable Marina mit ihren Einrichtungen muss doch genutzt werden. Ich fülle die Tanks mit Wasser und Treibstoff, wasche das ganze Boot, telefoniere und gehe zum Essen in das Restaurant. Die Leute daheim leiden unter feuchtem Herbstwetter, hier ist es jetzt richtig warm und wolkenlos. Die Belohnung für den langen Schlag nach Süden gestern. Meine Galerie in Speyer feiert ihre neuen Räume nahe am Dom, ich wünsche Glück und Erfolg beiderseits.

Ständig plagt mich das Gefühl, etwas Großartiges verpasst zu haben, wenn ich nicht wenigstens einen Teil des Chesapeake besucht habe. Also starte ich am sonnigen Morgen des 9. Oktober Richtung Norden zum idyllischen und einsamen Bennett Creek im Nordwesten der großen Salzmarsch. Herrliches Segeln in steifer Brise und ruhigem Wasser. Es sind viele Yachten in alle Richtungen unterwegs, und es wird offensichtlich, dass ich mich in einem beliebten Segelrevier befinde. Am frühen Nachmittag bin ich am Eingang zum Marschland und am Beginn eines Labyrinths von Prielen und Buchten. Doch dann schreckt mich der neue Wetterbericht: Morgen starker NO mit Regen, und die Tage darauf sollen auch nicht besser werden. Sofort leite ich die Wende ein. Ich muss verzichten und weiter nach Süden, der lange ICW beginnt in Norfolk, die Tagesetappen werden wohl kürzer werden ob all der Brücken und Kurven.

In den Hampton Roads überholt mich ein Flugzeugträger, viele Yachten und weitere Militärfahrzeuge kommen von allen Seiten hinzu. Es ist ein Begrüßungsfest, Fahnen werden geschwungen, Musik ertönt, der Äther ist voll mit Sprechfunk. So werden die Jungs in der Heimat begeistert empfangen, da kann man schon mitgerissen werden, und ich bin dabei, und an meinem Achterschiff weht eine neue große amerikanische Flagge. Es wird immer enger und belebter, die Parade zieht dicht an weiteren Flugzeugträgern und Schlachtschiffen vorbei, ein großer Frachter kommt von Süden herauf, wo soll man denn jetzt noch hin? Das Wasser kocht und brodelt zwischen all den Booten und dicken Pötten. Ich nehme die Fock weg und versuche unter Motor die Geschwindigkeit der Mitläufer einzuhalten. Trotzdem braust ein Powerboat von achtern heran, zieht so dicht vorbei, dass ich in seiner Heckwelle durchgewalkt werde, bis es im Salon kracht und Sachen aus den Regalen fliegen. Dennoch, es ist ein grandioses Schauspiel, und ich bin gern dabei. Die Zeit vergeht so schnell, und plötzlich ist es Abend geworden. Das goldene Licht des Sonnenuntergangs spiegelt sich auf den Bürotürmen der Innenstadt von Norfolk. Gegenüber dieser fantastischen Kulisse in einem Halbrund neben dem Fahrwasser, umgeben von alten Bäumen und dem Marinehospital, ist der Ankerplatz an Meile Null. Hier lege ich mich zwischen einige andere originelle Segelyachten, die wohl auch bald von hier aus ihren Weg nehmen durch den geschützten und abwechslungsreichen ICW. Hier befinde ich mich in guter Gesellschaft Gleichgesinnter. Ich habe schon gemerkt, dass der überwiegende Teil der Snowbirds aus Motorbooten besteht, der abends allerdings immer in irgendwelchen Marinas verschwindet, während die Segelyachten an beliebten Stellen zusammenkommen und ankern. Man winkt sich zu, schnackt über Sprechfunk miteinander und besucht

sich mit den Beibooten. Im „normalen Leben an Land"
ist man oft einsamer als allein unterwegs mit dem Boot.
Man trifft ständig Leute, mit denen man sich auf Anhieb
gut versteht, mit denen man kein Smalltalk macht, man
hat sofort wichtige und interessante Themen zu
besprechen, man bekommt Tipps und löst Probleme,
Ängste und Freuden werden geteilt. Und da man sehr
selten schlechte Bekanntschaften macht, ist die
Bereitschaft und Empfänglichkeit für neue Kontakte
sehr groß.

Von Norfolk nach Florida

Freitag, 10. Oktober 2003. Ein Sauwetter. „Duet" zerrt
am Anker, kräftiger Wind und Regen. Ein Tag also zu
bleiben, um einkaufen zu gehen. Ich mache den Fehler
und fahre mit dem Beiboot nicht hinüber in die große
Stadt, denke auf dieser Seite in Portsmouth kann man
auch alles bekommen, und so lerne ich die hässliche
Seite Amerikas kennen: langweilige trostlose Straßen,
stereotypes Servicing, Parkhäuser, das armselige
Repertoire einer gesichtslosen Industriestadt. Im „Dollar
General", ein Billigstladen wie „Aldi" in seiner
Anfangszeit, allerdings viel größer, finde ich Dosen,
Marmelade und Gingersnaps (Ingwerplätzchen) von
ausgezeichneter Qualität. Das gesamte Plastikgeschirr
auf meinem Boot wird durch Glas und Porzellan ersetzt,
eine neue Teekanne muss her und gute Rotweingläser.
Voll beladen im Regen und hundert Meter entfernt von
„Duet" stottert der Außenborder und stirbt ab, der Tank
ist leer. Mühsam rudere ich gegen den Wind, erreiche
gerade noch die Badeleiter, da reißt eine
Gummihalterung der Paddel vom Zodiak ein. Ich sollte
das Schicksal nicht noch einmal durch so viel
Dummheit herausfordern.

Am nächsten Tag regnet es zwar immer noch,
aber ich finde es jetzt langweilig hier am Ankerplatz,

ich will etwas Neues erleben, will endlich den berühmten ICW befahren. Also hinein in Gummizeug und Südwester, Anker auf und lostuckern, schön langsam und genüsslich vorbei an romantischen alten Industrieanlagen, Frachtschiffen und malerischen Speichern. Nach der ersten Hebebrücke, die auf Anfrage per UKW-Sprechfunk öffnet, beginnt eine Art Urwald. Der Kanal wird zum Schaufenster einer wilden unberührten Welt von Auwäldern: Sterbende Riesenbäume legen sich zur Seite und werden von frischem Grün überwuchert. Reiher warten unbewegt auf ihre Beute. Wir sind zu dritt, drei Yachten sprechen sich ab, denn wir müssen nach zwölf Landmeilen gemeinsam durch eine Schleuse. Hier im ICW wird in Landmeilen gerechnet, das Kartenmaterial in Buchform informiert über jedes relevante Detail im und am Fahrwasser, und das Handbuch „Skipper Bob" ergänzt durch gesammelte Erfahrungen auch in Hinblick Einkaufsmöglichkeiten, günstige Marinas, Internetzugang, Landgang für Hundebesitzer. Hinter der idyllischen Schleuse mache ich kostenlos am Steg einer Bootswerft fest, spaziere durch den Wald bis zu einem Mall an der Schnellstraße, esse im „Kentucky Fried Chicken", kaufe eine günstige Telefonkarte (1 Cent pro Minute nach Deutschland) bei „7Eleven" und einen extrem teuren Diafilm mit fast abgelaufenem Datum. Zurück am Steg treffe ich einen erfahrenen Weggenossen, der mir von der urtümlichen Alternative „Dismal Swamp Canal" erzählt, den er dieses Mal nicht befahren will, weil er letztes Jahr mehrmals mit dem Kiel versunkene Baumstämme gerammt habe. Da er hier einige Reparaturen am Motor ausführen lässt, muss ich mich leider von dieser sympathischen Informationsquelle trennen. Vielleicht begegnen wir uns irgendwo wieder auf dem Weg nach Süden. Es geht also allein weiter im Nieselregen bis zu dem kleinen und beängstigend flachen Ankerplatz „Pungo Ferry", an dem ich ganz allein die Nacht verbringe und der im Führer als letzter guter Ankerplatz beschrieben wird. Der Gaskocher verbreitet wohlige Wärme, einige Kerzen sorgen für Stimmung, lassen den Wein rubinrot leuchten, ich schreibe und lese, lausche seltenen Vogelstimmen da draußen. Ich fühle mich geborgen und unendlich wohl.

Sonntag, 12. 10. um 08.00 Uhr Anker auf im leichten Nebel: wunderbar, diese sonntägliche Ruhe und Einsamkeit auf dem Kanal. Es riecht so frisch und feucht, und dann dringt plötzlich eine warme orangefarbene Sonne durch. Currituck Sound, Bell Island, Long Point – irgendwie seltsam, die Maschine läuft, aber das Boot bewegt sich nicht durchs Wasser. Unmerklich bin ich in weichem Schlamm hängen geblieben. Ich stelle mich auf den Bug und lasse die Maschine rückwärts laufen. Ganz langsam und durch ständiges Schaukeln befreit sich „Duet" von dieser weichen Masse. Aber wo ist denn die Fahrrinne? Die Marker sollten vielleicht gelegentlich den veränderten Tiefen angepasst werden. Jetzt also muss ich extrem langsam und mit Echolot die Rinne suchen. Im malerischen und urigen „Coinjock" wäre ich gerne länger geblieben, aber der Wind ist gut, und hinter Camden Point kann ich endlich hinaus auf den großen Albemarle Sound und wieder Segel setzen! Motor aus, Ruhe, herrliches schnelles Segeln auf fast glattem tiefem Wasser, Autohelm rein, Hände frei, hier und da mal was richten. Viele Segler sind in allen Richtungen unterwegs, es ist Sonntag, und das Wetter ist herrlich. Um 18.00 Uhr im letzten Sonnenlicht gräbt sich der Anker in den Schlamm des Little Alligator River. Ich bin wieder allein, liege in einer flachen Einfahrt zu einer Bucht am Long Shoal Point. Im Urwald dort einige unbewohnte und verfallene Blockhäuser, es ist sehr still, eine große goldene Mondscheibe zieht über einen blauschwarzen Himmel. Geisterstunde, ganz in der Ferne das Echo von Hundegebell.

Gut ausgeschlafen und nach einem Frühstück im ersten Sonnenlicht beginnt ein weiterer herrlicher Segeltag. Der Wind bringt uns schnell voran, und an den Ufern sehe ich zum ersten Mal die katastrophalen Auswirkungen eines Hurrikans: Ganze Wälder liegen flach. Am Abend erreiche ich das schöne Belhaven in geschützter Bucht, gehe aber trotzdem in Robbs Boatyard an den Steg, da die Maschine wieder sehr viel Öl verbraucht. Der Steg ist seltsam schief, Bretter fehlen und jetzt sehe ich auch, dass die Gebäude verformt und leer sind. Die Yachten auf dem Trockenplatz sind beschädigt oder gänzlich zerbrochen, die im Wasser teilweise gesunken. Was ist hier passiert? Das sei „Andrew" letztes Jahr gewesen, sagt mir John von einer Motoryacht nebenan, und der Platz hier sei kostenlos, der Betrieb sei pleite, und ein Gerichtsverfahren laufe noch. Gegenüber auf einer riesigen alten Holzmotoryacht beobachte ich ein weiteres Hurrikanschicksal. Diese Yacht ist knapp dem Untergang entronnen, besser, sie ist wieder gehoben worden, jetzt läuft dort häufig die Bilgepumpe, und eine bildhübsche junge Frau repariert, schleift, spachtelt, schickt ihre zwei Kinder in die Schule, wohnt also auf diesem Wrack und träumt von einer heilen und besseren Zukunft.

Am nächsten Tag muss ich in die Forest Marina nebenan verholen, da der Boss dieser noch funktionierenden Werkstatt natürlich seinen Mechaniker nicht in die „Ferne" schickt. Gut, warum nicht mal für einen Tag den Luxus einer guten Marina in Anspruch nehmen, Wäsche in modernen Maschinen waschen und trocknen, ein Auto zum Einkauf kostenfrei benutzen, heiß duschen: das alles für 42 Dollar. Der Mechaniker findet eine defekte Schraube am Öldruckmesser – peinlich – das hätte ich auch selber finden können, zahle dafür inkl. Arbeitszeit (20 Minuten) 85 Dollar, reinige zur Strafe die verölte Bilge und gehe am Abend in der herrschaftlichen Villa des Forest Hotel zum Dinner. In der Nacht bin ich froh, mit sechs Leinen wie eine Spinne im Netz am Steg zu liegen. Ein kräftiger Sturm fegt durch die Bucht, die Ankerlieger da draußen haben schwer zu kämpfen, einige verlieren die Nerven und kommen in der Dunkelheit mit Suchscheinwerfern und Taschenlampen in die überfüllte Marina, Leinen fallen ins Wasser, Geschrei übertönt das Pfeifen des Windes in den Takelagen, man versucht zu helfen. Am Morgen weht es aus der Bucht heraus, der Wind ist ok für mich, aber ich komme nicht weg. Der Kiel steckt im Schlamm, der Sturm und die Tide zusammen haben den Wasserstand extrem sinken lassen. Also muss ich noch einen Tag warten. Aber Belhaven ist schön und ich kann hier gut einkaufen: neue Positionslampen, Alkohol für den Alkoholkocher, der sich aber dann doch nicht mehr reparieren lässt, Farbe und Lack, Putzmittel, aber nirgends in den USA gibt es Mikrofaserlappen. In der nahen gemütlichen Bibliothek kann ich meine E-Mails beantworten und auch ein paar Aktien handeln, obwohl ich mir vorgenommen habe, ein halbes Jahr auf diesen „Kick" zu verzichten. An einem ATM (Geldautomaten) kann ich mein Konto überprüfen: 5986 Dollar, Jörg hat den Rest überwiesen, das ist also neben dem Bargeld an Bord das Geld für den „Rest" der Reise.

Oriental, das ich soeben querab passiere, passt zu dem warmen ruhigen Tag nach diesem Sturm. Und nun sehe ich auch die erste Fächerpalme. In Cedar Creek verbringe ich eine ruhige Nacht, wundere mich aber über den geringen Ladezustand der Batterie. Der Keilriemen wird deshalb nachgespannt. Immer ist etwas mit der Maschine. Aber das ist ja normal, immer und überall hört man dieses Thema. Man tauscht seine Sorgen und Erfahrungen aus, und man bastelt herum, reinigt, pflegt, ersetzt Filter, Impeller, Schläuche, wechselt das Öl, fettet die Nippel, presst die Stopfbuchse, und dann ist wieder etwas los. Als Autofahrer habe ich nie dieses Thema, für einen Yachtie ist das wohl das reichhaltigste Thema überhaupt. Man muss unabhängig sein, sich selbst helfen können, und deshalb muss man auch alle Ersatzteile mitführen.

In Beaufort kann ich einen kurzen Blick auf den Atlantik werfen. Eine kräftige Tide spült das Meerwasser durch dieses Inlet. Der Fischreichtum lockt Hunderte von Anglern, und es wird bannig eng im Fahrwasser. Ich hätte gerne ein paar Fotos von diesem Gewusel gemacht, aber ich muss mich äußerst konzentriert hindurch zwängen, und überfahre dabei manch eine Angelschnur. Aber die Kerls lachen darüber, sie winken freundlich, heben die Bierdose, die Kinder plantschen nahe der Badeleiter, die Hübsche sonnt sich vorne. Dann ein ähnliches Schauspiel in Moorhead City. Wald, Dünen, Villen wechseln sich ab, dahinter hört man die Brandung des Atlantik. Seit geraumer Zeit ist im UKW Sprechfunkverkehr der Teufel los, viele schimpfen und brüllen in die Mikrophone, dass irgendjemand rücksichtslos mit großer Geschwindigkeit und zerstörerischer Heckwelle durch den ICW donnert, es ist eine Motoryacht mit dem Namen „Distant Drummer", immer wieder höre ich diesen Namen: „Distant Drummer, you are destroying American property!!" Und dann sehe ich plötzlich diesen Zerstörer hinter mir, und schon ist er vorbei und auch bei mir krachen die Sachen auf den Boden und der Sonnenbeutel reißt ab und fliegt außenbords.

Am Abend gehe ich vor Swansboro vor Anker. Wegen der starken Tidenströmung sichere ich mich mit zwei Ankern. Die Weiterfahrt wird immer wieder abwechslungsreich durch den Wechsel von unberührter Natur, einer Wildnis wie aus dem Bilderbuch und herrlichen Anwesen, von einfachen idyllischen Landhäusern in großem verwildertem Areal bis zur

Villa im Park mit Gärtner, Pool, Rasenflächen. Und jeder hat ein Boot oder eine Yacht mit Steg oder elektrischer Slipanlage. Aber es fehlt an Leben, nur selten sieht man jemanden diese Güter genießen, fast immer liegen sie einsam und verlassen da. Man muss eben sehr viel arbeiten, um sich so etwas leisten zu können. Am Ufer eines dichten Waldes ziehen Rehe entlang, nicht weit davon hält ein Vater seinem Sohn das Gewehr, damit er ruhig und genau zielen kann.

Der Nordwind zieht an der Genua, und so kann ich den Motor entlasten. Am Abend des 18.10. erreiche ich in einem Konvoi von sechs Yachten, gemeinsam haben wir die Brückenöffnungszeiten eingehalten, die riesige Ankerbucht von Wrightsville Beach. Hier bin ich von Hotels und Bars, Geschäften und Spielhallen umringt. Wir auf unseren Yachten schauen zu, allenfalls etwas genauer mit dem Fernglas, ansonsten genießen wir die Ruhe und Abgeschiedenheit. Man kann ja zum Nachbarn rüberwinken, per Sprechfunk Infos austauschen oder auch mit dem Dingi rüberrudern. Morgen, wenn ich Lust habe, kann ich ja wieder an Land gehen.

Der sonnige Morgen aber bietet wieder einen schönen Nordwind, und so will ich doch gern noch ein paar leichte Meilen machen. Ich tuckere hinüber zur „Sea Path" Marina, um zu tanken. Dort bietet man nicht nur freien Kaffee an, sondern auch ein kostenloses Auto zum Yachtausrüster „West Marine". Das will ich nicht auslassen. Mit einem großen alten Dodge, den ich aus Versehen zweimal anlasse, weil ich den leisen Motor kaum hören kann, fädele ich mich in die mehrspurigen Highways ein, bin wieder einer von Hunderten und finde tatsächlich das Einkaufszentrum. Weil die Automatiksteuerung auf Duet so wichtig für mich ist, will ich mir noch eine zweite gönnen, die an Bord befindliche ist schon sehr alt und schwerfällig. Aber es ist keine passende vorrätig, und so verkauft mir der

Chef seine eigene fast neue zum Sonderpreis. Die
Garantie reicht noch für meine Reise. Wieder zurück
auf „Duet" wundere ich mich über die laufende
Bilgepumpe. Na ja, muss ja auch mal sein, die läuft
eben an, wenn die Bilge entsprechend voll ist. Ich starte
den Motor, werfe die Leinen los, tuckere vorbei an
Villen und Steganlagen, die Bilgepumpe läuft immer
noch. Beunruhigt schaue ich den Niedergang hinab und,
oh Schreck, Wasser schwappt über den Teppich.
Instinktiv verlasse ich das Fahrwasser und gehe an den
nächsten Privatsteg. Amerikaner sind ja immer sehr
pingelig mit Privatem, aber das hier ist ein Notfall. Ich
klettere nach dem hastigen Festmachen hinunter und
suche das Leck, brauche gar nicht die Bodenbretter
rausnehmen, denn dampfendes Wasser quillt unten aus
der Ummantelung der Maschine, die ja immer noch
läuft. Ich schaue hinein und da haben wir es: der
Temperaturfühler ist weg und dort pulsiert das heiße
Kühlwasser direkt aus dem Meer hinein ins Boot. Also
wieder mal eine Schraube, diesmal nicht locker sondern
verrottet und rausgeflogen. Über Sprechfunk
verständige ich Tow-Boat US, und die schleppen mich
dieses Mal kostenlos eine halbe Stunde zum günstigen
Masonboro Boatyard weiter südlich. Hier ist alles etwas
einfacher, vielleicht sogar etwas vergammelt, zumindest
aber romantisch verwildert. Und schon wieder
bekomme ich ein Auto, weil der Mechaniker am
Sonntag nicht arbeitet. So kommt es, dass ich heute zum
zweiten Mal Auto fahren darf, dieses Mal jedoch mit
einer wirklich uralten verrosteten Kiste, einem Van,
dessen Türen quietschen und nicht mehr schließen, die
Tanknadel steht auf Null. Das bemerke ich allerdings
erst auf freier Strecke im schönen wilden Wald. Doch
dann kommt tatsächlich eine einsame Tankstelle, ich
tanke zehn Liter, danach steht die Tankanzeige immer
noch auf Null. Das macht wohl jeder so. Jedenfalls
kaufe ich im Mall ganz ausgiebig ein und genieße eine

wunderschöne Rückfahrt durch die Waldgebiete North Carolinas. Zurück in der Marina lädt mich John mit seinem Sohn Noah zur Probefahrt ein, er hat in seinem alten Boot einen neuen Diesel eingebaut, er läuft full power und unheimlich laut. Ich bin schon froh über meinen leisen Benziner, nur leider hat er so seine Wehwehchen.

Um 10.30 Uhr am nächsten Tag ist ein neuer Temperaturfühler eingeschraubt, und ich zahle inkl. Lohn und Liegeplatz 138 Dollar, das ist sehr billig. Gut gelaunt steuere ich in den Fear River. Das Boot ist jetzt innen sauber geputzt und hat auch keinen Teppich mehr. Bereits am frühen Nachmittag ankere ich im stillen Dutchman Creek, um die Ruderpinne zu schleifen und neu zu lackieren. „Duet" war ja schon immer ein sauberes Schmuckstück, jetzt aber habe ich Lust drauf, die Patina und die Spuren des Alterns völlig zu tilgen. Ist es nicht schon genug, das Boot von A nach B zu bringen und die ständigen Schäden zu reparieren? Nein, wer sein Boot liebt, streichelt es, d.h. er pflegt es voller Lust, genießt seinen Anblick und fotografiert es überall und in jeder Situation. Das Boot ist deine Partnerin, eine „she", sie gibt dir Schutz und Geborgenheit, du bist im Dialog mit ihr, du kennst ihre guten und schlechten Seiten, gemeinsam gehst du mit ihr durch harte Zeiten, erlebst aber auch mit ihr die schönsten Stunden deines Lebens. Das sehe ich auch am Beispiel des Skippers Roy, dem ich am nächsten Tag in „Barefoot Landing" begegnen werde. Seine baugleiche und gleichaltrige Pearson hat er total vom Kiel bis zum pulverlackierten Mast „veredelt": Mahagonimobiliar, Diesel mit Zweikreiskühlsystem, feinste Elektronik inkl. Radar, umlaufende stabile Reling, Dodger mit „Wintergarten", Teakholzdeck u.s.w. Seine Frau scheint sich mit seinem Hobby abgefunden zu haben, immerhin betont er ja auch ständig, das alles für sie getan zu haben, damit sie an Bord bleibt. Er hat es geschafft, sie bleibt bei ihm an Bord – das ist nur wenigen gelungen.

Früh am nächsten Morgen will ich los zu diesem berühmten „Barefoot Landing", wo man nach Auskunft von Skipper Bob kostenlos am städtischen Steg liegen darf. Aber erst mal hängt wieder die Ankerleine am Kiel. Nach dem landschaftlich reizvollen Shalotte Inlet beginnt eine felsige Gefahrenstrecke im ICW. Am Abend habe ich sie beinahe geschafft, es fehlt nur noch diese eine Brücke, die jetzt aufmachen müsste, dahinter liegt das begehrte Ziel, aber der Brückenwärter behauptet, ich sei zu spät dran, und da ich ganz allein bin hier zwischen den felsigen Ufern und nicht weiß, wohin ich zurückfahren soll, will ich ihn ganz höflich um eine Ausnahme bitten. Da streikt das Sprechfunkgerät, es ist einfach tot. So ein Mist, es kommt wieder einmal alles zusammen. Ich manipuliere an den Kabeln und Kontakten herum, versuche gleichzeitig in der Mitte des Fahrwassers zu bleiben, da vernehme ich das metallische Kreischen der alten Zugbrücke: Sie geht auf! Dankbar fahre ich hindurch, winke hinauf zu den verspiegelten Scheiben des Kontrollturms. Und da liegt es vor mir, „Barefoot Landing", der Steg, daran viele Yachten im Päckchen, einige Leute rufen und winken mir zu, da ist eine Pearson so wie meine, und da steht ein Mann drauf und winkt mich heran. Ich hänge meine Fender raus, und ganz vorsichtig gehe ich bei ihm längsseits. Man nimmt mir die Leinen ab, Roy bietet mir ein Bier an, er zeigt mir stolz sein Boot. Anschließend gehen wir auf den Steg, besuchen andere, er kennt hier jeden. Eine Gruppe von fünf Männern findet sich zusammen, und wir gehen hinüber in ein gemütliches Restaurant, stehen an robusten Holztischen, trinken noch mehr Bier, essen Fisch und Krabben, alles sehr preisgünstig, reden über Boote, Motorschäden, Brücken, Frauen, die nicht hier sind, die aber an den Nachbartischen stehen und jung sind und blond und manchmal hinüberlächeln. Wayne braucht ein neues Fahrrad auf seinem riesigen Katamaran, er kann schlecht laufen, hat ein verkürztes Bein und will an Land flexibel sein, Roy will mit seiner Frau morgen in seinem Haus im 20 km entfernten Myrtle Beach nach dem Rechten sehen. Also mieten wir uns zu viert am nächsten Morgen ein Auto. Roy, laut wie immer, weckt daheim die ganze Nachbarschaft. So habe ich Einblick in die bürgerliche kleine Welt am Rand dieses großen Urlaubsparadieses, das mich an Disneyland erinnert. Aber auch hier gibt es Industrie und Armenviertel und Pawnshops, Pfandleihgeschäfte, hier findet Wayne irgendwann ein billiges gutes Mountainbike, ich kaufe bei „West Marine" ein neues, diesmal tragbares Sprechfunkgerät. Bis zum Ende der Reise habe ich übrigens nicht den Defekt des fest installierten Gerätes finden können, auch in der Mastspitze nicht. Das war der einzige nicht behobene Schaden. Eigentlich sträflich, denn die Reichweite des tragbaren Gerätes beträgt nur fünf Meilen gegenüber den 25 des fest installierten. Am Spätnachmittag sind wir wieder in unserer „Stammkneipe", essen und trinken in amerikanischen Mengen, und dann erfahre ich von Wayne – und andere bestärken ihn –: die Bahamas, nee, viel zu teuer, keine Kultur, Langeweile an immer schönen Stränden. Ich sei doch Deutscher, ich könne doch problemlos nach Kuba und wieder zurück in die USA. Amerikaner müssen unglaubliche Schwierigkeiten in Kauf nehmen, um ihren Kubaaufenthalt zu verheimlichen. Außerdem gilt eine Bahamareise nicht als Ausland, um erneut drei visumfreie Monate in den USA zu bekommen. Ja, was man nicht alles so in einer Kneipe erfährt. Also wirklich Kuba? Den Zwangsrückflug nach exakt drei Monaten in Miami verfallen lassen? Von Kuba aus neu in die USA einreisen?

Zeitig am Morgen verlassen Wayne Stevens und ich den freundlichen Steg, tuckern hintereinander durch eine immer tropischer werdende Vegetation gen Süden. Von den Urwaldriesen hängen jetzt Schmarotzer, das dichte „spanish moos", dazwischen Palmenarten, Bananen, Zitrusbäume. Um 17.00 Uhr ankern wir bei Landmeile 403 vor der gemütlichen kleinen Stadt Georgetown, die ich kurz besuche, den Sundowner nehmen wir auf Waynes „Illusion II".

Und so fahren wir noch zwei Tage im Konvoi, unterhalten uns über Sprechfunk auch mit anderen Yachten, ich verbessere mein Englisch, und abends vor Anker besuchen wir uns abwechselnd. Wayne wird zu einem guten Kumpel. Er stammt aus North Dakota, hatte eine harte Kindheit auf der Farm seiner Eltern, hat spät, vielleicht zu spät, nach finanziellen Krisen die Farm verkauft, sein Vater lebt jetzt in Arizona allein, Wayne hat dann als Segelmacher in Florida sein Geld verdient und viel nebenher für sich allein studiert und gelesen, nicht, um irgendwo Karriere zu machen, sondern um für sich vieles besser zu verstehen. Dann hat er vor drei Jahren alles wieder verkauft, hat sich dafür diesen großen Katamaran gekauft, um drei Jahre zu segeln: Kanada, Ostküste USA, Bahamas, Kuba natürlich. Nun geht es zurück nach Saratoga, um mit 56 Jahren erneut anzufangen: Segelmacher, nur eine Werkstatt am Hafen, wohnen will er weiterhin auf seinem Boot.

Am 25. Oktober fischen wir mühsam im starken Tidenstrom vor Charleston nach einer Mooringtonne und zahlen auch noch 31 Dollar dafür. Aber wir dürfen die Marina und alle ihre Einrichtungen benutzen, auch das tolle Marinashuttle, das immer mit Gästen der Marina in die Stadt fährt und per Telefon gerufen wird. So kann man überall abgeholt werden. Es ist schön, wieder in einer Stadt zu sein, die ich schon von früher kenne, ich treffe auf Orte der Erinnerung,

und das gibt mir ein Gefühl von Geborgenheit, beinahe
Heimat, auch etwas Wehmut. Deshalb rufe ich zu Hause
an, schöne lange Gespräche, wie es damals war, wie es
jetzt ist und schade, dass wir nicht zusammen hier sind,
denn hier ist es so schön warm, die Leute sitzen draußen
vor den Cafes und lachen, die Mädchen zeigen ihre
Beine, und bei euch ist es schon so kalt, so, die Heizung
ist schon an, alles ist so grau und dunkel da draußen.
Wayne und ich verbringen noch zwei weitere Tage in
dieser herrlichen Stadt, die vielleicht zu viele Touristen
hat, und wir essen im berühmten Fischlokal Haymans.
In der Nacht ist die Stadt so voller Leben, vor allem in
der Altstadt um die Uni herum. Man spürt die Jugend,
das Neue, die Erwartung von einem großartigen
erfüllten Leben, aber auch die Lust und die Liebe, man
kuschelt und knutscht unter den alten Eichen im Garten
des hell erleuchteten Instituts. Hinter bleiverglasten
Fenstern gehen die letzten Vorlesungen zu Ende. Ja, ich
würde gerne noch mal so jung sein, aber jetzt habe ich
die Zeit und das Geld und eine Yacht, kann die Ernte
einbringen, und das ist auch nicht schlecht. Wayne und
ich, zwei alternde Männer, wir schlendern durch dieses
junge Leben dem Ausgang entgegen, zurück zum
dunklen kalten Fluss, zurück tuckern wir mit unseren
Dingis jeder für sich allein, wir finden unsere dunklen
kalten Boote, klettern hinein, machen Licht in unseren
kleinen Kajüten, etwas Musik, eine Flasche Wein. Ich
lese Hemingway „Men without women", eine alte
Ausgabe aus der Bibliothek meines Vaters.
    Es regnet wieder, und wir fahren weiter.
Mittags bleiben wir im Church Creek, denn Wayne will
nicht mehr weiter, obwohl er doch trocken sitzt,
während ich schon ganz schön nass bin. Mein
Gummizeug ist alt und rissig, Stiefel habe ich nicht
gekauft, weil ich nur an Sonne dachte. Gut, ok, an Bord
gibt es immer etwas zu tun, und so leere ich alle
Schränke, putze sie und streiche sie mit Acryllack. So

liegt also der Inhalt des Boots auf dem Boden, unterm Tisch und auf den Kojen. In der Nacht tobt plötzlich ein gewaltiges Gewitter. Ich glaube an meinen gut haltenden und tief eingegrabenen Anker, drehe mich um, höre nicht den prasselnden Regen und die Böen. Plötzlich weckt mich der grelle Schein eines Scheinwerfers durch das Fenster. Ich springe auf, renne in Unterhose hinauf ins Cockpit. Direkt vor dem Bug ist eine weiße Segelyacht, ich komme ihr näher, das Paar dort steht schon bereit, ich komme nach vorn und kann den Stoß auch nicht mehr abwehren. Mein starker Bug kracht in ihre Seite, verbiegt die Reling. Und schon geraten wir wieder auseinander, verschwinden in der Nacht. Nur im Blitzlicht ist die gesamte Situation kurz zu erkennen. Ich ziehe mich hastig an und teste den Anker: Er ist lose. Ich werfe den zweiten, starte die Maschine um ihn einzugraben, da sitze ich aber auch schon nahe am Schilf auf Grund. Aber ich bin ja nur langsam dorthin getrieben, kein Problem wieder wegzukommen, aber wohin? Die Ankerlieger sind im Sturm und Regen kaum zu erkennen. Ich hole beide Anker ein, fahre vorsichtig in die vermeintliche Mitte, die Blitze helfen mir dabei, wieder Ankern und erneut fest eingraben. Das hat eine Stunde gedauert, und ich habe geflucht. Am nächsten Morgen, ich liege übrigens wieder an derselben Stelle, fragt mich Wayne, warum ich so spät aufstehe. Er hat nichts von der Nacht mitbekommen. Seltsamerweise meldet sich die andere Yacht nicht, die müssten mich doch wenigstens wegen der Schäden kontaktieren, schließlich haben wir doch eine Versicherung! Ich vermute, dass die fremde Yacht ins Treiben gekommen ist und meinen Anker rausgerissen hat. Aber deswegen kann man doch Kontakt aufnehmen. Dort kommen sie ja auch schon, ich trinke gerade Tee, sie winken nett und fahren vorbei. Seltsam.

Wir fahren wieder gemeinsam durch eine herrliche unberührte Natur, die Sonne trocknet alles, es wird fast heiß. Wir ankern vor Beaufort, South Carolina, im Strom gegenüber dem Marschufer, das von den gewaltigen Eichen gesäumt wird, die ich damals schon bewundert habe. Beaufort ist wieder eines dieser kleinen Schmuckstücke mit mehr als 100 Jahre alten Holzhäusern im Kolonialstil, mit den weitläufigen Veranden, den großen Parks drum herum mit altem Baumbestand, von den Ästen hängt dick und lang das Moos herunter. Ich sitze da an Deck bei Wayne, wir trinken Rotwein, essen Käsehäppchen und Peperoni, schauen auf diese stille Kulisse einer einzigartigen Stadt, erleben Sonnenuntergang und Mondaufgang, führen gute Gespräche.

Am 30. Oktober endlich überqueren wir eilig den Savannah River vor dem Bug eines riesigen Containerschiffes. Dann tauchen wir wieder hinein in die Ruhe der kleinen Creeks. Plötzlich ist Thunderbolt da, wo ist der Steg, auf dem ich einst mit meinen Eltern stand und mit Reny? Nun unterquere ich die Brücke von Savannah nach Tybee, ein Stück Heimat beinahe, vertraute Umgebung, aber wo ist dieser Steg? das Ufer rast vorbei, wo ist die kleine Marina mit dem tollen Publix Supermarkt? Wir ankern im Wilmington River, hier irgendwo muss es gewesen sein: der einzige Supermarkt an der ganzen USA-Ostküste, der sozusagen direkt am Steg liegt. Wayne habe ich davon vorgeschwärmt, und jetzt finde ich diesen Ort nicht. Es wird dunkel. Wayne will morgen weiter. Ich habe Freunde und Bekannte in Tybee, die ich besuchen will. Wir verbringen einen Abschiedsabend bei mir an Bord. Er schenkt mir einen Sicherheitsgurt. Meine Sicherheitsleine sei zu unsicher, sagt er. Er ist ein guter Freund geworden. Am Morgen ein letztes Winken, „Illusion II" rauscht vorbei, verliert sich im Dunst. Ich weiß, dass ich mich von einem guten Menschen für immer verabschiedet habe.

Traurig studiere ich die Straßenkarte und tippe dann auf einen Nebenfluss ganz in der Nähe, den Turner Creek. . Dort finde ich tatsächlich ganz am Ende Hogans Marina, und dahinter zwischen den Bäumen schimmert der graugrüne Betonkasten von Publix. Geschafft! Schade, Wayne hat das nun nicht mehr gesehen, das hätte ihm einen einfachen Einkauf erbracht. Nun, es ist noch immer ein frischer Morgen, ich melde mich an, zahle 75 Cent pro Fuß, das ist sehr billig, genehmige mir eine heiße Dusche im Büro, hier gibt es nur eine Toilette, ein Waschbecken und diese Dusche in einer kleinen Baracke. Das Holz ist feucht und morsch, aber immerhin, die Leute sind sehr lieb und hilfsbereit. Eigentlich ist Hogans keine richtige Marina, sondern eher ein Regal mit kleinen Motorbooten für die Wochenendfischer. In fünf Stockwerken übereinander lagern die Boote und werden von dort mit riesigen Gabelstaplern abgeholt und direkt ins Wasser gesetzt. Dann starten sie gleich los. Am Abend geht das ganze rückwärts. Hier am kleinen Steg für die Tankstelle ist aber noch Platz für mich, und man lässt mich hier für die nächsten Tage liegen, denn ich habe nicht nur vor, meine Freunde zu besuchen und meine „alte Heimat" wieder zu erleben, ich miete mir auch ein Auto, um flexibel zu sein für Ausflüge nach Savannah und andere Orte in der Umgebung.

Aber jetzt erst mal ist Halloween, das ist ein ganz wichtiges Fest in den USA. Bereits im Supermarkt Publix, wo ich wieder eine Riesenportion meiner geliebten frischen Schrimps kaufe, betrachte ich mit Erstaunen und Wohlwollen viele entsprechend aufgetakelte Frauen, die es auch im hohen Alter noch mal wissen wollen ob sie in Straps und Mini noch ihre Wirkung haben. Da hier in der Nähe ein ganz hervorragender Spezialist für Bootsmotoren seinen Ruf verbreitet hat, nutze ich die Gelegenheit, um ihn wegen der neuerlichen hohen Betriebstemperatur den Motor durchchecken zu lassen. Eine Stunde 60 Dollar cash auf die Kralle haben sich aber gelohnt. Jetzt habe ich das Gefühl, mich in den kommenden Wochen auf den Motor verlassen zu können.

In den nächsten Tagen aber mache ich erst mal Urlaub vom Boot und genieße die River Street in Savannah, die Museen dort, besuche Künstlerateliers und Galerien, versuche Kontakte zu schmieden. In Tybee esse ich bei den Freunden, wir gehen an den riesigen Strand, ich sehe mein Elternhaus ??? wieder. Es ist einfach herrlich, in einer bekannten Umgebung zu sein. Dann geht es zum Fort Pulasky, zum Crab Shack am Chimney Creek und zu den Alligatoren, und natürlich wollen die Freunde auch auf das Boot und einmal für einen Nachmittag auf dem Wassaw Sound segeln. In der Bibliothek von Wilmington teile ich Monika und Fred von „Sagitta" per E-Mail meinen Aufenthaltsort mit, und siehe da, zwei Tage später liegen sie am Steg hinter mir. Großes Hallo beim Wiedersehen, und auch sie brauchen dringend den Mechaniker, und sie freuen sich über die tollen Versorgungsmöglichkeiten nahe bei Hogans.

Erst am 12. November komme ich endlich los von dieser Lieblingsgegend, diesmal fahren "Sagitta" und „Duet" in Konvoi auf dem ICW. Am Abend liegen wir gemeinsam vor Anker in irgendeinem idyllischen Creek, wir essen zusammen, oder wir wandern an Land, besuchen schließlich St. Simons. Danach trennen sich unsere Wege wieder, sie wollen einige Tage Natur pur im Cumberland Nationalpark, mich zieht es in die Gartenstadt Brunswick.

Hier in der Landing Marina kann ich auch problemlos einen heftigen Sturm überstehen, kann in den wunderschönen breiten Alleen die verwunschenen Holzvillen betrachten. Einige sehen wirklich wie

Geisterhäuser aus, ihre Gärten sind düster und verwachsen. Einer der größten und ältesten Bäume ist die Liebeseiche, die schon in vorkolonialer Zeit von Indianern zwecks Fruchtbarkeitsverstärkung aufgesucht wurde. Obwohl sie jetzt von Villen umgeben ist, verbreitet sie eine majestätische Ruhe und Zeitlosigkeit, dass man ahnt, wie unwichtig letztlich alles menschliche Tun und Treiben drum herum ist. Unweit der Marina finde ich in einer der schönsten und größten Bibliotheken auf dieser Reise umfangreiches Seekartenmaterial. In einem Saal voller Globen und Kartenschränke kann ich in Ruhe die Karten ausbreiten und auch Kopien anfertigen. Hier treffe ich auch einen Skipper, der schon seit vielen Jahren Yachten auf die Bahamas überführt. Die Eigentümer reisen dann dort per Flugzeug an, genießen ihren Urlaub auf eigenem Kiel in den Abacos oder den Exumas oder in den Familyinseln, und dann muss er das Boot wieder in die USA zurücksegeln. Das ist sein Job. Natürlich kennt er sich gut aus, gibt mir wertvolle Tipps und rät mir, in meiner Situation doch in die Bahamas zu segeln. Jetzt sind die Würfel gefallen, ich entscheide mich also für die Bahamas, telefoniere mit meinem Reisebüro in Deutschland, um für mich ein Flugticket für den 01.01.04 nach Miami und für meine Freundin Reny eins für Anfang Februar nach Nassau, Bahamas, zu kaufen. So, jetzt ist die weitere Zukunft geklärt, ich werde also meinen Rückflug von Miami in Anspruch nehmen, Weihnachten zu Hause sein, um dann erneut drei Monate für USA und Bahamas zur Verfügung zu haben. Nur muss ich irgendwo das Boot lassen.

Am 20.11. erreiche ich Florida. Soeben habe ich den ruhigen und bewaldeten ICW verlassen und befinde mich auf dem breiten St. Mary-Grenzfluss, da brummt im Tiefflug ein Hubschrauber auf mich zu, der heftige Wind seiner Rotoren bläst mir das Handbuch weg, der Schreck sitzt mir noch im Hals, da braust aus dem Nichts ein Polizeiboot auf mich zu, mit dem Megaphon rufen die Uniformierten mir zu, ich solle sofort nach rechts abdrehen, raus aus der Fahrwassermitte. Also ok, why not, Platz ist ja genug da, aber warum denn? Und abermals ein Schreck: Der schwarze Turm an Backbord, den ich vorhin noch als Seezeichen angesteuert habe, kommt mit gewaltiger Welle auf mich zu. Davor hat das Wasser einen seltsamen Hügel, und dann ist es klar, das ist ein riesiges U-Boot! Ich erinnere mich, im Handbuch stand etwas drin von Militärbasis und Atom-U-Booten. Aber dass das so schnell über mich hereinbricht! Der haushohe menschenleere nass glänzende Turm rauscht dicht an mir vorbei, ich renne nach der Kamera, aber dann ist es auch schon vorbei. Wäre wohl sowieso verboten gewesen. Wow! Vorsichtig schleiche ich ganz rechts in der Fahrrinne weiter bis in einen ruhigen Nebenfluss und ankere erleichtert inmitten vieler Yachten vor Fernandina Beach, Florida. Auf einer großen Veranda in tropischer Abendsonne genehmige ich mir ein kühles Bier. Hinter mir in der Halle prasselt ein Kaminfeuer, die Tische für das Dinner werden gedeckt, sehr stilvoll, sehr großzügig. In den Palmen raschelt eine sanfte Brise, die ersten Gäste kommen in weiß und pink. Das ist also Florida.

Von Florida zu den Bahamas

Fernandina hat ein gutes und gefahrloses Inlet. Sollte ich wieder in den Atlantik hinaus und einen schönen Schlag nach St. Augustin wagen? Dort allerdings soll die Einfahrt sehr eng und wild sein wegen der starken Tidenströmung. Ich solle es auf jeden Fall bei Tag durchfahren, rät man mir. Dazu müsste ich aus Sicherheitsgründen hier schon in der Nacht auslaufen. Der Wetterbericht ist auch nicht übermäßig freundlich. Also entscheide ich mich abermals für die konzentrierte, aber auch interessante Fahrt durch den ICW. Gerne hätte ich zur Abwechslung mal wieder einen ruhigen erholsamen Tag auf See mit Automatiksteuerung genossen. Der Kanal südlich von Jacksonville ist extrem eng und flach, viele Yachten, es ist Samstag, drängen mich etwas an den Rand, und dann sitze ich immer wieder, langsamer werdend, mit dem Kiel im Schlamm. Bei Meile 765 südlich von Pine Island finde ich einen ruhigen Nebenarm mit Schilfufern und einer regen Tierwelt. In der Nacht wache ich vom Schnaufen der Delfine auf.

Anlaufen St. Augustine ist großartig: die Skyline dieser mediterran wirkenden Stadt, die alte Brücke, die Festung, die vielen Yachten von überall her, der Geruch vom Atlantik, der Schrei der Möwen. Ich habe den Eindruck, ein ganz wichtiges Ziel erreicht zu haben. Ich entscheide mich für einen Ankerplatz im ruhigen Saltrun, einer Bucht nahe den Dünen unterhalb des Leuchtturms, ca. 5 km entfernt von der Stadt. Die Ankerplätze vor der Stadt in der Nähe der Brücke sind zwar zentral, aber man liegt in einer kräftigen Tidenströmung mit zwei Ankern. Saltrun ist auch der Rastplatz für die Penner der Meere, Segler und Weltenbummler, denen das Geld ausgegangen ist, Eremiten, psychisch Verwundete, Weltfremde. Es wäre sicher interessant, eine Zeit hier zu liegen, das Vertrauen dieser Leute zu gewinnen und alles aufzuschreiben. Jedoch reizt es mich, abermals diese älteste Stadt der USA zu besuchen, das spanische Flair einzuatmen und noch einmal dieses kleine und enge Europa zu erleben, bevor ich endgültig in die Riesenstädte Floridas tauche.

Der Wetterbericht am frühen Morgen verspricht mäßigen SW, gegen Mittag auf W drehend, dann am Abend N, also wie immer diese Rechtsdrehung. Ideal also für mich. Gegen den Strom

geht es hinaus in den noch immer von einer Dünung
kräftig bewegten Atlantik, die Sonne scheint, Autohelm
rein. Noch kann ich den Kurs nicht anliegen, die Küste
versinkt immer mehr im Morgendunst. Es wird Mittag,
der Wind dreht nicht, und nun habe ich laut GPS klaren
Ostkurs. Und dann befindet sich „Duet" plötzlich im
Golfstrom. Hoch am Wind kann ich zwar das heftig
stampfende Boot auf SO-Kurs halten, aber der Strom
trägt mich nach Norden. Es hat keinen Sinn, der Wind
dreht noch immer nicht, ich muss raus aus dem Strom,
der übrigens eine faszinierende tiefblaue Farbe hat.
Meine Nase habe ich jedenfalls schon mal auf diese
Weise in die Karibik gesteckt. Reumütig bin ich wieder
im Inlet von St. Augustin, wieder ist die Tide und eine
spitze Welle gegen an, Strudel werfen das Boot aus dem
Kurs, grüne See geht über Deck und steigt ins Cockpit,
trotz sehr hoher Drehzahl des Propellers stehe ich fast
auf der Stelle, und ich denke an Freds Worte: „Nie
wieder durch das Inlet von St. Augustine!" Endlich
liege ich wieder erschöpft am alten Platz, habe soeben
ein Buch zur Hand genommen und einen Tee gekocht,
da weht der Wind aus West. Es ist jetzt 16.00 Uhr. Buch
weg, Tee runtergeschluckt und auf geht's. Noch ist in
der Einfahrt der Strom mit mir, hinaus ins Meer, ja, jetzt
geht es, ich kann parallel zur Küste segeln, außerhalb
des Golfstroms. Die See ist jetzt angenehm ruhig,
Autohelm aktiv, Maschine aus, ich mache es mir
bequem auf Kissen und Polstern, schaue mit dem Glas
auf den Strand und die Dünen und die Villen dahinter,
schnell verschwindet der Leuchtturm von St. Augustine,
die Sonne geht unter und es gibt ein paar Stullen zu
essen. Endlich wieder auf See. Ich fürchte mich nicht
vor der Nacht, schaue aber genau auf das Wasser
voraus, denn es sind noch einige Yachten unterwegs,
auch Fischer und Fischfarmen mit Begrenzungstonnen
liegen in diesem Bereich. Um 0.00 Uhr weht ein
schwacher Wind aus NW, es ist feuchtwarm. Das GPS

sagt mir, dass ich mit dieser Geschwindigkeit auch nicht Port Canaveral im letzten Licht des neuen Tages erreichen werde. Mist, da bleibt mir also nur Ponce de Leon Inlet und das schon um 04.00 Uhr. Das ist zu früh, denn dieses gefährliche Loch, schlimmer noch als St. Augustine, sollte man nur im Tageslicht durchfahren. Also Segel weg und vor dem Nordwind treiben lassen. Es ist Neumond, das Meer an Backbord ist eine schwarze Wand, an Steuerbord die hellen Lichter der Hotels von Daytona Beach. So werde ich auf den Morgen warten. Doch der Wind nimmt plötzlich zu, „Elefantenrücken", das sind Silhouetten hoher Wellenkämme, laufen plötzlich an der Kulisse Daytonas vorbei, ich treibe mit 3,5 Knoten! Einige Seen nehme ich quer, um abzubremsen, aber alles fliegt aus dem Regal. Die elektrische Spannung nimmt ab, wer verbraucht hier so viel Strom? Ich starte die Maschine. Um 06.00 Uhr nähere ich mich der Einfahrt. Der Wind faucht. Auf Kanal 16, dem Bereitschaftskanal, ruft jemand die Coast Guard, weil sich der Anker losgerissen hat und nun hilflos im ICW treibt. Ich frage die Coast Guard, ob die Einfahrt für meinen Tiefgang problemlos ist, und die antworten nur, ich solle eine aktuelle Seekarte bereithalten und mein Schiff verantwortlich führen. Um 06.30 Uhr graut der Morgen, und ich sehe die tosende Brandung auf der langen Mole neben dem Fahrwasser. Noch ein paar Minuten heftiger Kampf, und ich bin dahinter, plötzliche Ruhe, und mit dem Flutstrom treibe ich schnell hinein in eine wunderschöne von Palmen umsäumte Lagune. Gleich unterhalb des Leuchtturms werfe ich den Bruceanker in das klare Wasser, er greift in den Sand und gräbt sich sicher ein. Der Himmel ist grau, es riecht nach Regen. Nach dem Frühstück falle ich müde und glücklich in die Koje.

Natürlich verbringe ich auch den Nachmittag mit entspanntem Nichtstun in dieser Ruhe, selten tuckert ein Fischer vorbei, ich lese „The Perfekt Storm", davon ist ja auch der Kinofilm „Der Sturm" gedreht worden – übrigens die „ideale" Lektüre, wenn man endlich etwas Sicherheit und Zutrauen auf seinem Boot gewonnen hat. Jedenfalls hat mich dieses Buch ganz schön belastet in den nächsten Tagen, und ich war froh, wieder im ICW zu sein.

Am 26.11. um 7.00 Uhr Anker hoch bei blutrotem Sonnenaufgang. Mit dem leichten Nordwind kann ich zwischen den Brücken auf die Maschine verzichten, ganz sanft und leise zieht mich die Genua durch eine Welt von kleinen Fischerhäfen, Villen in großen Gärten, Sandinseln. Manchmal schnauft ein Delphin dazu, überall soll man auf die Seekühe (Manatees) achten und sie nicht mit dem Propeller verletzen, aber sie tauchen nie auf, und in dem trüben Wasser kann man sie nicht sehen. Viele Pelikane fliegen ganz dicht vorbei, sie sind wie alte unbeholfene Opas, doch dann stürzen sie – flutsch – ins Wasser und schlingen einen Fisch hinunter. Drüben an Backbord in der Ferne erkenne ich die gewaltigen Abschussrampen von Cape Canaveral. Leider steigt keine Rakete in den Himmel. Um 13.00 Uhr erreiche ich mein Ziel Titusville, aber es ist zu früh, also weiter. Skipper Bob erwähnt eine billige Marina vor Merritt Island, gegenüber von Cocoa, also gehe ich dort um 17.00 Uhr bei Sonnenuntergang neben einigen alten verwahrlosten Yachten in 6 Fuß vor Anker. Die Maschine ist in der letzten Stunde sehr heiß geworden, und es kommt nur noch wenig Kühlwasser heraus. Mit der Taschenlampe krieche ich durch die Backskiste in den Maschinenraum, baue die Wasserpumpe aus, setze einen neuen Impeller ein, aber es liegt nicht an der Pumpe. Wo ist der Fehler? Ich weiß nicht mehr weiter.

Am Morgen rufe ich also wieder Tow Boat US, die kommen auch gleich und schleppen mich vorsichtig durch das extrem enge und flache Fahrwasser zur Indian

Cove Marina gleich nebenan. Das kleine Hafenrund ist von einigen Holzhäusern und Bäumen umgeben, die Stege sind schief und wettergegerbt, viele Yachten sind bemoost, angefault, das Unterwasserschiff voller Algen und Muscheln. Es ist sehr still. Endlich finde ich auf einer Veranda eine Gruppe „Salty Dogs", jene Kerle eben, die ihr Leben mehr auf dem Wasser als auf dem Land verlebt haben und hier wohl, so scheint es, endgültig gestrandet sind. Auch Frauen sitzen da in dieser fröhlichen Runde, und sie trinken auch ihr Bier und passen dazu, Frauen, die ihr eigenes Boot haben und hier darauf leben, Donna, Kathy und Hazel. Die Leute begrüßen mich freundlich, lachen aber über meine Frage nach einem Mechaniker. So was sei schließlich zu teuer, das macht man hier alles selbst. Wenn Captain Dave, der Boss, morgen kommt und mir erlaubt überhaupt hier zu bleiben, dann wird mir wohl Bill die Gebrauchsanweisung vom Atomic4 geben. Jetzt erst mal rafft sich Skinny Dave auf, ein hagerer Typ um die 55, seit zehn Jahren unterwegs auf seinem Katamaran, ehemaliger Polizist. Er will sich meine Maschine ansehen. Er meint, der Motor sehe doch noch gut aus, und ich solle mal diese und jene Schrauben lösen und die Kühlkanäle durchspülen. Er bedauert, dass diese Motoren nicht mehr gebaut werden, denn sie seien herrlich unkompliziert, hätten ja noch nicht einmal Ölfilter, also das würde ich schon hinkriegen. So, und jetzt, zur Feier des Tages, es ist schließlich Thanksgiving, fahren wir zum Essen in ein schönes billiges Schnellrestaurant. Donna (42), Paul (72), Skinny Dave und ich fahren mit Steve in seinem klapprigen Van hinaus in eine Welt kleiner stiller Industriebetriebe, dort also der Imbiss, dort langen wir richtig zu, und Steve lädt mich auch noch ein. Donna fasziniert mich: Sie ist so unglaublich lebenslustig, sie sagt so nebenbei, sie gehe am Stock, weil sie MS habe, schwärmt von den Bahamas. Sie zeigt mir ihr Boot, das sie selbst ausgebaut hat, in das sie eine neue Maschine eingebaut hat. Dort, in diesem kuscheligen Nest, lebt sie mit Tiamet, ihrem Papagei. Und sie lässt sich nicht davon abbringen, in meinen Maschinenraum zu kriechen, um mir zu helfen. Donna war früher bei der Navy, dann Bauunternehmerin, zweimal verheiratet, geschieden, hat zwei Töchter. Jetzt lebt sie von einer kleinen Rente und von Renovierungsarbeiten hier in der Marina. Aber sie weiß, dass das Geld nicht reicht, dass sie ihr Boot verkaufen muss. Und dann geht sie vielleicht nach Alabama, weil dort das Leben billiger ist. Die Marina hier wird sowieso bald geschlossen, denn ein großes Immobilienunternehmen hat das Gelände aufgekauft und wird hier Wohntürme mit Bootsanlagen für Reiche bauen. Florida wird immer enger und teurer, eine luxuriöse Seniorenresidenz.

Es ist furchtbar heiß jetzt am Nachmittag. Ich bin total verschwitzt und verklebt, aber nach der kräftigen Dusche im Badehaus drüben ziehe ich mich endlich mal wieder fein an. Donna fährt mich mit ihrem Van zur Cocoa Beach, zeigt mir den berühmten Surf Shop „Ron Jon". Ich lade sie zum Chinaessen ein, dann verbringen wir die Abendstunden auf der langen Mole von Port Canaveral (Canaveral Pier), sitzen an der Bar mit Blick auf die gewaltige Atlantikbrandung, lassen braungebrannte Mädchen vorbeischlendern, die von kräftigen Boys umschwärmt werden. Donna trinkt wieder nur Wasser wegen ihrer MS, sie ist aber dennoch total aufgedreht und happy.

Am nächsten Vormittag bringe ich die neue Registrierung an, die ich in Georgia gekauft habe. „Duet" ist also jetzt in Georgia registriert, weil es dort nur ein paar Dollar kostet, und ich brauche diese Papiere für die Bahamas. Steuern für den Kauf wurden auch diesmal nicht erhoben – vergessen? Donna fährt deswegen mit mir zum Steuerbüro, sie meint, ich mache mich strafbar und solle retten, was noch zu retten ist,

auch das Dingi muss angemeldet werden. Aber weder
dort noch bei der Coast Guard kann man meinen
speziellen Fall beurteilen oder gar irgendwelche
Gebühren erheben. Abends Gäste: Joanne und Gerald,
die ich gar nicht kenne, kommen mit Büchern vom
Atomik4, um mir zu helfen. Wir trinken Wein, reden
über das blöde US-Fernsehen, wettern über die
verlogene Bush-Regierung.

Samstag, 29.11.2003. Ein sehr kalter sonniger
Morgen. Donna nimmt mich mit zur Bibliothek in
Cocoa auf der anderen Seite des breiten ICW. Dort kann
ich wieder die E-Mails bearbeiten, in die Börse schauen
und telefonieren. Mein Mieter hat mittlerweile allerhand
Schaden angerichtet, und ihm wird nun gekündigt.
Abends bin ich mit Dave bei Hazel an Bord ihres
holländischen Stahlschiffes, das einst einem Deutschen
gehörte, der sich auf den Virgins zu Tode soff, nachdem
er den Atlantik überquert hatte. Sie renovierte das
gesunkene Schiff und restaurierte auch die alte
Maschine.

Inzwischen habe ich erkannt, dass es ein großes
Glück war, dass ich ausgerechnet hier einen
Maschinenschaden hatte. Nirgendwo hätte ich so viele
liebevolle und hilfsbereite Menschen getroffen,
nirgendwo hätte ich so viel über das Leben erfahren,
und nirgendwo hätte ich gelernt, mir selbst zu helfen.
Gerade hier zwischen verrottenden Yachten und Hütten,
angesichts der Vergänglichkeit und der baldigen
Schließung der Marina, mit der sich so viele Schicksale
verbinden, habe ich neue Facetten des Lebens erkannt.
Und ich darf bleiben. Ich zahle Captain Dave die
überaus günstige Liegegebühr von 227,90 USD für
einen Monat, kaufe mir im Pawnshop ein nagelneues
Mountainbike für 30 Dollar und bringe es tatsächlich
fertig, die Maschine zu reparieren. Und nicht nur das:
„Duet" wird vollständig renoviert und bekommt einen
goldenen Randstreifen zum Abschluss. Aber ich arbeite

nur wenige Stunden am Boot. Interessanter sind meine Ausflüge mit dem Fahrrad, oder Donna nimmt mich mit zu entlegenen urigen Restaurants in der Wildnis, zu Flohmärkten, wo ich endlich für wenig Geld gute gebrauchte Anker und Ketten kaufe, sie zeigt mir den Banana River und ihr ehemaliges Elternhaus, und sie nimmt mich mit zum Gottesdienst in ihre Synagoge. Donna ist zum Judentum konvertiert und hat Hebräisch gelernt.

Am Sonntag, 7.12., erleben wir den legendären „Toy Run": ca. 25 000 Motorradfahrer sammeln sich auf Merritt Island und fahren dann im Konvoi mit Geschenken nach Melbourne, um Bedürftige zu beschenken. Es ist ein Volksfest, und es sieht schrill aus, wenn sich ohnehin recht seltsame Typen weihnachtlich herrichten. Wir alle von der Marina stehen an der Straße und winken. Langsam fühle ich mich wohl und heimisch, man hat mich integriert, und an einem sonnigen Nachmittag gebe ich für eine kleine Gruppe aus der Marina auf der Wiese neben dem Waschhaus einen Aquarellmalkurs.

Am Freitag, 12.12., bringt mich Donna zur Greyhound-Busstation nach Cocoa. Ich fahre bis Miami, übernachte am Flughafen im günstigen „Airways Inn and Suites" mit großem palmenumsäumten Pool, verbringe den nächsten Vormittag in Miami Beach am Strand, um dann am Abend über Madrid (nie wieder Iberia!) nach Frankfurt zu fliegen. Weihnachten in Deutschland im Familienkreis mit Gänsebraten. Im Garten kann ich noch Kartoffeln ernten und umgraben. Das sind die Kontraste, die ich liebe. Sylvester bei Eiseskälte und Schnee mit Freunden auf dem Marktplatz von Ludwigsburg, am 2. Januar abends in Miami an der Bar von „Sports Bar and Grill" mit kernigen Männern und deftigen Negerinnen, die brüllen, schreien, lachen und saufen. Und dann liege ich wieder auf dem Rücken im warmen Wasser des Pools unter

Palmen, schaue hinauf in den Sternenhimmel, denke an „Duet" und an das Ziel, die Bahamas.

Erst um Mitternacht des folgenden Tages erreicht der Bus mit zwei Stunden Verspätung Cocoa. Donna wollte mich abholen, aber mit solch einer Verspätung hat auch sie nicht gerechnet. Also muss ich zu Fuß die drei Kilometer bis zur Marina laufen, zu Fuß über die lange Brücke ohne Fußweg, denn in den USA geht man nicht zu Fuß, schon gar nicht in der Nacht. Großes Hallo in der Marina. Die Leute trinken in fröhlicher Runde auf der Veranda. Ich bin auch hier daheim. Auf meinem Boot staune ich über ein neues Schott, dass den Maschinenraum völlig von der Hundekoje abtrennt und abdichtet. Donna hat in meiner Abwesenheit trotz ihrer Krankheit mit viel Mühe und Tüftelei Dämmstoff eingeklebt. Aber ich komme so nicht mehr an den Peilstab.

Die kommenden Tage sind mit Verproviantierung ausgefüllt. Donna fährt mich zum „Big Lot", wo man extrem billig Konserven kaufen kann, die sollen für die Zeit auf den Bahamas reichen. Wir gehen wieder zum Chinarestaurant am Courtenay, „all you can eat" für $ 5,75 inkl. Tee, Sushi, Salatbar, Gemüsebar, Kuchenbar, ein Büfett mit 20 Sorten Fleisch und Fisch, mit Gemüse und einem Koch, der vor den Augen alles frisch zubereitet, und eine Eisbar. Donna schenkt mir Seekarten und Handbücher, zeigt mir ihre Lieblingsinseln, auch Hazel hat ihre Favoriten. Captain Dave gibt mir wertvolle Tipps über das Wetter und das Segeln auf den Bänken. Er bekommt mein Fahrrad. Ich hätte es gerne mitgenommen um auf den Inseln flexibel zu sein, aber „Duet" ist so voll, und an Deck ist es hinderlich und wird schnell rosten. Eigentlich war es ein Fehler, es zu verschenken (?), ich hätte es komplett auseinanderbauen sollen. Der Abschied naht, wir wandern noch einmal durch das

Naturschutzgebiet mit den Alligatoren, trinken einen Sundowner am Banana River.

Am frühen Morgen des 6. Januar wirft Donna meine Leinen los, ich drehe noch eine Ehrenrunde im Hafenbecken, dann ein letztes Winken und wieder, diesmal mit eigener Kraft, taste ich mich durch das enge Fahrwasser und sitze plötzlich fest, obwohl ich so viele Yachten bei der Ein- und Ausfahrt beobachtet habe. Mühsam mit Hilfe des Beiboots und einer Leine an einem Marker kann ich mich freiwinschen. Dann aber bin ich endlich wieder im ICW, unterquere die Brücke, sehe Cocoa im Morgendunst versinken. Donna und ihrer Kindheit zu Ehren fahre ich zum Dragon Point und ganz dicht an die Ruinen des Drachen aus Spritzbeton an der Mündung des Banana River heran, denn sie hat ihn vor fast 30 Jahren mit ihrem Bruder und Freunden modelliert. Der riesige Kopf dieses grünlichen Monstrums liegt ganz dicht am Wasser. Wie schnell doch die glücklichen Tage vergehen, die Träume, wie Familien zerbrechen und Krankheiten erbarmungslos zupacken.

Ich aber bin wieder allein mit meinem Boot, ich fühle mich gesund und fit für neue Welten, ja, die Trauer des Abschieds wird überdeckt von den Aufgaben und Zielen, dem Gefühl, unterwegs zu sein, und das bedeutet, immer wieder etwas Neues begrüßen zu können. Der Nachmittag wird plötzlich grau und ungemütlich kalt. Ich gehe hinter einer kleinen Insel gerade noch rechtzeitig vor Anker, „Hazels Platz"???, denn die Nacht wird wirklich ungemütlich stürmisch. Donna hat mir später in einer E-Mail berichtet, dass sie sich Sorgen gemacht hat, denn in der Marina habe es ganz schön gefetzt, und draußen habe sich Toms Yacht losgerissen und sei ans Ufer gespült worden.

Am nächsten Tag endlich Karibikwasser! Um 14.30 Uhr unterquere ich bei Fort Pierce die Südbrücke, und plötzlich ändert sich die Farbe des Wassers von

graugrün-trüb nach türkis! Hier gehe ich vor Anker,
ziehe in der warmen Sonne die vielen Pullover aus.
„Duet" dreht sich in den kalten Nordwind und bietet
Schutz im Cockpit. Da sitze ich nun und genieße wie
die anderen Segler in der Nähe diesen herrlichen
Nachmittag. Wir schauen auf die Palmeninsel nebenan
und auf die lustigen Pelikane. Aber der schöne Schein
trügt. In der Nacht hat sich die Ankerleine an einem
Unterwasserhindernis verhakt, das ich wohl mit dem
Kiel gerammt habe. An Schlaf ist nicht mehr zu denken.
Plötzlich dreht die Tide, „Duet" schwingt herum und
treibt, und ich denke, die Leine ist durchschnitten. Aber
nein, sie ist frei am Anker. Welch ein Glück! Also bloß
weg hier, Anker auf, es ist zwar noch dunkel, aber hier
will ich nicht mehr bleiben. Ganz langsam tuckere ich
durch das betonnte Fahrwasser an den schlafenden
Yachten vorbei. Der Morgen graut, die Marker sind jetzt
besser zu erkennen, und so kann ich die Fock setzen,
den Rückenwind nutzen, Maschine aus. Um 10.30 Uhr
Maschine wieder an wegen der vielen Strudel,
Strömungen und Sandbänke im St. Lucie Inlet.
Herrliche Fahrt vorbei an Gärten und Villen, dann
wieder die Einsamkeit von Peck Lake. Hier würde ich
gerne länger bleiben, denn drüben, hinter den Palmen
und Dünen, donnert die Atlantikbrandung. Hier gibt es
so viele seltene Tiere, Auwälder, Flussarme. Um 16.00
Uhr Jupiter und seine vielen Brücken, kein Problem, ich
bin im Konvoi mit vielen Yachten, Hunderte Autos
müssen trotz Rush Hour warten. Dann links um die
Ecke eines Wolkenkratzers und, schwupp, hinein in die
idyllische Welt des Lake Worth: Ca. 80 Yachten liegen
hier vor Anker und warten auf das Wetterfenster für die
Querung des Golfstroms, das „Crossing", hinüber zu
den Bahamas. Die meisten machen das von Miami aus,
da sie dann direkt über Bimini oder Cat Cay nach
Nassau und in die Exumas gehen. Von hier kommt man
erst mal zu den Abacos, das ist eine Inselgruppe mit

eigenem Flair, nicht ganz so karibisch, nicht ganz so heiß und abgelegen. Ein Sprungbrett zu den Bahamas ist jetzt also erreicht. Hier spüre ich plötzlich den gewaltigen Sog, der von dieser Gemeinschaft der Wartenden ausgeht, der hat mich jetzt gepackt, jetzt gibt es keinen Weg mehr zurück. Allein schon im Sprechfunkverkehr gibt es kein anderes Thema mehr, wann geht es los, wann ist dieses Fenster auf? Hier in diesem ruhigen See ohne Strömung, umgeben von Villen und Supermärkten könnte man eigentlich auch gut leben, die riesige neue Bibliothek ist nicht zu weit, und auch hier gibt es gute Restaurants internationaler Küchen. Aber man muss, weil es so eng ist, zwei Anker in den schwarzen Schlamm bringen, der ist so zäh, dass man für die Reinigung einige Zeit braucht. Es ist erstaunlich, welch ein Spektrum von Yachten und Skippern sich hier versammelt hat: Große neue Motoryachten sind zwar rar, dafür gibt es aber etliche heruntergekommene Segelyachten aller Bauarten. Auf vielen leben urige bärtige Individualisten allein, aber sie alle besuchen sich gerne untereinander. Und dann habe ich auch schon die ersten Kaufinteressenten für mein Boot. Pamela und Dave haben auf meine Internetanzeige geantwortet, nun kommen sie an Bord, bieten 10 000 USD und wollen warten, bis ich wieder von den Bahamas zurück bin. Ich habe das Gefühl, sie konnten ihren positiven Eindruck kaum unterdrücken.

Leider haben wir in den kommenden Tagen kein Wetterfenster, ein kalter Regensturm von Norden baut draußen im nordwärts ziehenden Strom kurze steile Wellen auf, die auf einer kleinen Yacht kaum jemand aushält. Selbst hier, in diesem ruhigen See, bleibe ich in der Kabine, mache Kerzen an und male einige Aquarelle. Aber am 13.01. kommt Bewegung in die Boote, das Wetter soll morgen gut werden, leichter Westwind. Viele verholen wie ich einige Meilen weiter südlich in die Nähe des Inlets bei Marker 4 gegenüber von Palm Beach. Dort ankert man über Sand in glasklarem Türkis. Hier kann ich endlich mal schwimmen und tauchen, kann mein Unterwasserschiff inspizieren. Im Sprechfunk erfahre ich, dass alle in der Nacht gegen 4.00 Uhr starten wollen. Auf den großen Motoryachten wird am Abend noch kräftig gefeiert. Blutroter Sonnenuntergang hinter den Hochhäusern von Palm Beach, dem Kraftwerk und den Hafenkränen mit den großen Frachtern und Fähren.

     Um 2.00 Uhr bin ich hellwach vor Aufregung: das „Crossing"! Draußen weht ein sanfter warmer Westwind. Langsam mit guter Sicht bei Halbmond und der hellen Stadt im Rücken schlüpfe ich mit der Tide durch das Inlet hinaus in den schwarzen Atlantik. Ich setze die Segel und stoppe die Maschine, am Bug rauscht die Welle. Ich bin allein, niemand folgt mir bis jetzt, auf Kanal 16 Stille, man schläft noch. Vor mir liegen 55 Seemeilen bis Westend, Grand Bahama. Das Wasser ist pechschwarz, draußen gehen die Wellen bis 1 Meter hoch, aber sie sind lang genug um nicht unbequem zu werden. Nach zwei Meilen hat mich der Golfstrom erfasst. Jetzt muss ich den Kurs auf Südost ändern, um nach Osten zu kommen. Das GPS hat sofort einen kleinen Knick auf der Kurslinie hinterlassen. Bei dieser Geschwindigkeit von ca. 2,5 Knoten brauche ich mehr als 20 Stunden, also irgendwann starte ich doch wieder die Maschine zur Unterstützung. Nach dem Sonnenaufgang frischt der Wind auf und kommt von Südwest, ideal, jetzt laufe ich sogar 5 Knoten über Grund! „Duet" peitscht durch die Wellen, die jetzt faszinierend tiefblau sind. Ab und zu kommt Seegras aus dem Sargassomeer vorbei. Von anderen Yachten nicht die Spur. Wo bleiben die denn alle? Ich werde unsicher, stimmt etwas nicht mit dem Wetter? Aber zurück kann ich sowieso nicht mehr. Um 14.00 Uhr entdecke ich endlich südlich und nördlich je eine

Segelyacht, die den gleichen Kurs haben, und voraus erscheint ein kleiner grauer Buckel über dem Horizont. Die Bahamas! „Duet" rauscht angenehm sanft dahin. Bereits um 15.00 Uhr bin ich vor der Einfahrt zur Marina von Westend, Grand Bahama! Na, das war doch ein schöner Segeltag! Ich habe es geschafft. Vor mir liegt ein gelber Palmenstrand, dazwischen schimmern rosa Holzhäuser. Die klare warme Luft riecht nach Fisch und Blüten, eine völlig andere Atmosphäre plötzlich. Mein Herz klopft vor Begeisterung. Zunächst mache ich am Steg der Tankstelle fest, um einzuklarieren. Der Zoll ist noch geöffnet. Ich zahle 150 USD Eintrittsgeld für die Bahamas, 50 für die Marina und, da ich schon mal da liege, 20 für den teuren Bahamasprit. Die fetten dunkelhäutigen Beamten und die extrem dicke schwarze Tankstellenwärterin sind sehr freundlich und erledigen alles in minutenschnelle, wobei das virtuose Stempeln der Papiere ruhig noch hätte etwas länger dauern können. Nun liege ich am mir zugewiesenen Steg, trinke ein kaltes Bier vom Automaten dieser wirklich erstaunlich eleganten und sauberen Marina mit Hotelbetrieb, schaue hinauf zum Balkon der Hotelvilla, wo ein bärtiger Mann mit Pferdeschwanz seine Kleine umarmt, dann mit seinem Arm das Hafenrund beschreibt und in seiner Sonnenbrille spiegelt sich der Sonnenuntergang. Mir bleibt ein sündhaft teures Telefongespräch, 5 Dollar pro Minute, um Reny im deutschen Winter von diesem Paradies zu erzählen.

Tückisches Paradies

Das Wetterfenster war wirklich nur kurz geöffnet. Wenige Yachten haben es genutzt, noch weniger sind nach Westend gekommen. Die Mehrheit querte weiter südlich von Miami aus über Bimini oder Cat nach Nassau. Von der nördlichen Gruppe sind auch einige nach Freeport gesegelt. Jedenfalls stürmt es wieder von Nord, und ich bleibe einen weiteren Tag in dieser schönen teuren Marina, darf das Internet im Hotel nebenan kostenfrei nutzen, gehe an den Strand, später ins Dorf, kaufe rosa Muscheln und eine Literflasche Bahama Rum für wenige Dollars. Die bunten Bahamadollars werden eins zu eins getauscht. Und ich atme tief diese herrliche laue Luft auf der Wanderung am Meer und durch dichte Wälder.

Ich kann mich nicht satt sehen an diesen Ausblicken durch die Palmen hindurch auf den weißen Strand und das türkisblaue Meer, und ich kann es noch nicht glauben, so plötzlich in dieser ganz anderen stillen Welt zu sein. Welch ein Kontrast zur lauten Glitzerwelt Floridas! Beinahe bin ich froh, auf ein paar bunte heruntergekommene Häuschen zu stoßen, einen kleinen dreckigen Laden zu finden. Die Butter ist alt und zu teuer, das Gemüse angegammelt, einzig die paar Orangen sehen gut aus, am besten aber sind die kleinen Bananen. OK, ich bin ja nicht zum Shopping hierher gesegelt. Der Rum ist göttlich, und von nun an wird Rum pur oder mit Cola der Bahamas oder Ginger Ale getrunken, das passt doch viel besser zur Umgebung. Nach dem Abendessen an Bord (Spagetti mit Chicken aus der Dose) treffen wir uns alle am Steg und schnacken über unsere Routen. Die Segler bilden eine Clique, die Leute von den großen Motoryachten besuchen sich lieber gegenseitig auf ihren großen Panoramadecks, flegeln sich auf weichen Polstern und nippen an Cocktails, das böse Hündchen bellt und soll endlich still sein. In der Dunkelheit wandern wir zum alten Hafen, der jetzt nicht mehr genutzt wird. Die Anlagen sind überwuchert, der Wind schläft ein, es riecht süß nach Blüten. Wer ein Weib umarmen kann, tut es jetzt.

Am nächsten Morgen weckt mich die
Windstille. Ich spüre noch im Morgengrauen meine
Unruhe, ich will weiter, will hinaus über die Bänke zu
den vielen kleinen Inseln. An diesem Freitag, 16.01.04,
tuckere ich leise als erster hinaus. Draußen im
Golfstrom steht noch eine satte Welle trotz Windstille.
Mit dem Strom treibe ich eine kurze Weile nach
Norden, da ist es: der Indian Key Rock, hier ist die
Einfahrt über das Riff hinweg auf die Little Bahama
Bank. Hart Steuerbord, voraus jetzt Kabbelwasser, die
See kocht, das tiefe Blau hat viele Schaumkronen,
verfärbt sich ganz plötzlich in ein helles Türkis, und mir
bleibt fast das Herz stehen, habe einen Kloß im Hals
und denke: Jetzt kracht es! Das darf doch nicht wahr
sein! So flach? Ich sehe den Sand, sehe einige kleine
Korallen und Seesterne und bin dennoch mitten im
Fahrwasser! Jetzt ist die See spiegelglatt und das
Echolot sagt 6 Fuß! Also gerade noch tief genug. Eine
Stunde vor Niedrigwasser, Tiedenhub 1—2 Fuß. Ich
drossle die Maschine auf Schleichfahrt. Gestern hat man
mich ja schon vorbereitet auf diesen Schock und
dennoch, ich kann es einfach kaum ertragen, schaue
gebannt und genervt auf die Unterwasserwelt die wie 2
Fuß Tiefe aussieht, aber das Echo zeigt tatsächlich 6
Fuß! Welch ein klares Wasser! Immer wieder muss ich
peilen, da die Strömung mich seitlich versetzt, muss auf
der Linie zum nächsten Marker bleiben. Ich schaue
zurück, niemand folgt mir, wo bleiben die, mindestens
drei weitere Segler wollten doch auch nach Sale Key,
die Penner! Nun also allein weiter tasten. Das Echolot
steht auf 5 Fuß! Ja, wo ist denn nun die Rinne? Weiter
nach backbord? Also 5 Fuß, da kann man doch kein
Papier mehr unter den Kiel schieben! Westend versinkt
grau am Horizont, 7 Fuß, ich habe es geschafft, das Riff
liegt hinter mir, ich bin jetzt auf der Bank, und die Tiefe
bleibt bei 7 bis 10 Fuß. Ein sanftes Lüftchen kräuselt die
Fläche, ich setze die Segel, Motor aus, unendliche Stille.

Ich lege mich am Bug auf den Bauch und lasse die Seesterne, Fächerkorallen und die spärlichen Pflanzen unter mir vorbeiziehen. Trotz all dieser faszinierenden Unterwasserwelt, es ist mir einfach unheimlich und zu flach. Wieso kann ein so weites Meer, ich sehe kein Land und kein Boot, so verdammt flach sein? Was passiert hier eigentlich bei Starkwind? Immer wieder höre ich, man solle nachts einfach ankern – auch bei Starkwind? Angeblich sollen sich keine hohen Wellen aufbauen können. Und Grundseen?

Um 12.00 Uhr sehe ich an Steuerbord eine kleine einsame Insel, Mangrove Cay. Es ist unerträglich heiß geworden. Ich krame den selbst genähten Sonnenschutz des Herrn Fuller hervor und bin bald zwei Stunden mit dem Aufbau dieser komplizierten Konstruktion beschäftigt. „Duet" sieht jetzt aus wie ein wütender Schwan, aber ich habe überall Schatten und kann trotzdem segeln. Ein sanftes Lüftchen kühlt unter dem Sonnendach, ich lese und ruhe. Endlich habe ich mir einen Traum erfüllt. Und ich muss ein aufkeimendes schlechtes Gewissen unterdrücken. Habe ich dieses göttliche Leben vielleicht nicht verdient? Doch! Wir schuften doch alle, um es eines Tages besser zu haben. Jetzt ist es so weit, also, so what! Außerdem kommen bestimmt auch wieder ganz schlimme Tage, also genieße jetzt, was das Zeug hergibt!

Um 17.00 Uhr nach 48 sm laufe ich ein in die weiträumige Bucht von Sale Cay. Zwei Segelyachten, „Off Beat" und „Skimmer", liegen schon da, ein Katamaran kommt später im Dunkel dazu. „Off Beat" ruft mich an, ob ich vielleicht ihr verlorenes Dingi gesehen habe. – Nach dem Sundowner ein großes Abendessen mit Clam Chowder, Tunfisch, Reis. Anschließend draußen noch einen Rum mit Ginger Ale unter einem Sternenhimmel, der mehr Sterne hat als je zuvor. Und dann diese Stille! Die dunkle Silhouette des Inselbogens, silbrige Wasserfläche, dann und wann ein

Komet. Ich bin allein mit dem Universum, bin mir meiner winzigen Unwichtigkeit bewusst und dennoch, ich darf leben, darf einfach da sein, diese Erkenntnis nimmt mir jedes Gefühl von Einsamkeit. Ganz im Gegenteil, ich fühle jetzt meine Bedeutung, denn ich bin ein Teil dieser Unendlichkeit und ich weiß es. Im alltäglichen Leben mit all den Aufgaben und Verpflichtungen jedenfalls ist mir diese elementare Bedeutung meiner Existenz nicht bewusst geworden. Aber ich vermisse Reny, die drüben in Deutschland herumhetzt, Termine einhält, sich gebraucht und bestätigt fühlt und jetzt vielleicht müde vor die Glotze sinkt. Schade, ich kann diesen Augenblick hier nicht mit ihr teilen. Das bedaure ich sehr. Prost Reny! So beginnt die erste vieler herrlicher Ankernächte. Ich erinnere mich an ein Kinderbuch, das mich damals sehr beeindruckt hat und das vielleicht den Anstoß dazu gegeben hat, nun hier zu sein: Eine Maus segelt in einem kleinen Boot allein über die Meere, nachts rollt sie sich gemütlich in die Koje, umgeben von seltsamen Fundstücken. Sie ist immer allein und glücklich.

17.01.2004 Ein herrlicher frischer sonniger Morgen. Segel setzen, dann Anker auf und als erster hinaus, westlich um Sale herum Richtung Little Abaco. Ostwind 15 kn. Herrliches Kreuzen bei wenig Welle. Aber bald wird mir klar, dass ich die Abacosee und eine schützende Bucht bis zum Abend nicht erreichen kann. Donna hat mir Double Breasted Cay ans Herz gelegt, also Wende, 180 Grad zurück zum Barracuda Rock und dann nach Norden. Ich muss immer mehr reffen, „Duet" schäumt mit Höchstgeschwindigkeit auf das Ziel zu. Mittags schon bin ich vor den Felsen an der Südspitze, taste mich vorsichtig hinein in eine enge Bucht mit vielen kleinen Sandbänken, Mangroven und bizarren Felsformationen. Ich bin beeindruckt von so viel Schönheit. Die Wasserfläche ist ruhig. Über mir aber jagen graue Wolkenfetzen mit 25 kn dahin. Welch ein

Paradies ganz für mich allein. Aber – es ist verdammt eng und flach hier. Der CQR-Anker hält nicht, gräbt sich einfach nicht ein, der Danforth schon, aber ich brauche hier mindestens drei Anker! Ich traue mich nicht und segle wieder hinaus, in einem weiten Bogen um die Insel herum auf die Nordseite, auch dort ist eine herrliche Bucht, aber auch dort muss ich eine harte Prüfung bestehen um den Lohn zu erhalten: ein Riff von Unterwasserfelsen verschließt diese Bucht bis auf ein ganz kleines Loch darin. Das Handbuch schreibt: „ about the middle between Rosy Kerb Rocks and Double Breasted Rocks." Ganz vorsichtig schleiche ich an diesem Riff entlang, die Flutströmung drückt mich zum Riff, also gegensteuern, das Wasser ist tiefblau, die Felsen sind nur an der Struktur der Wasseroberfläche zu erahnen. So, hier muss es sein, noch mal peilen. Rummms. „Duet" hängt mit dem Kiel an einem unsichtbaren Felsen, legt sich weit auf die Seite, ich rutsche aus und knalle ins Cockpit. Das Meer gurgelt um mich herum. Mist! Aber es ist Flut, das Wasser steigt, der Kiel knirscht auf dem Felsen, ich kann jetzt diesen spitzen Turm unter mir sehen, rechts und links davon gähnende Tiefe. Noch zwei drei kräftige Stöße, dann noch ein deftiger Hieb auf das Ruderblatt und ich bin wieder frei. Mit zitternden Knien starte ich wieder die Maschine und schwebe hinein in die stille türkisfarbene Bucht, die wieder mit Bilderbuchansichten grüßt, aber ich kann mich nicht drüber freuen, zu tief sitzt der Schock. In einer hinteren Ecke, umgeben von weißem Sand, wunderschönen Felsformationen, umrahmt von Palmen, die sich im Starkwind biegen, werfe ich drei Anker. Ich habe keine Lust, das Beiboot zu wassern, um die Gegend zu erkunden, ich will einfach da sitzen und darüber nachdenken, warum mir das passiert ist. Dann steige ich über die Badeleiter zum ersten Mal hinein in dieses glasklare, warme Wasser, tauche mit Brille zum Kiel hinunter und betrachte die

Schrammen. Gute „Duet", nur Schrammen, keine Risse!
In der Nacht kann ich nicht schlafen, werde vom Pfeifen
der Böen, dem Rucken an den Ankerleinen und
allerhand Visionen beunruhigt. Seltsame Vogelstimmen
sagen mir, dass ich hier eingedrungen bin, was nehme
ich mir eigentlich heraus, dieses Paradies zu stören? Ich
bin hier ein Fremdkörper, und das war eine Warnung.

    Der nächste Tag ist grau und kühl. Bei
Slacktime, also ohne Tidenstrom, verlasse ich diese
Bucht, taste mich mit angehaltenem Atem durch das
Riff, sehe überhaupt keinen Felsen. Draußen setzte ich
Segel und rausche hart am Wind nach Süden, wieder
vorbei am alten Bekannten, dem dunklen bedrohlichen
Barracuda Rock, peitsche durch grüne Wellen der
Abacosee entgegen. Weit voraus sehe ich im Regen
Little Abaco und davor endlich einen anderen Segler.
Gischt weht über Deck, die Reling kämmt durch das
Wasser, der Regen wäscht das Salz wieder herunter. Ich
bewege mich vorsichtig und mit Sicherheitsgurt, aber
alles hält, „Duet" kämpft sich voran, Meile um Meile,
Stunde um Stunde, ich esse Chips, trinke Cola, markiere
den Ort in der Seekarte. Im Sprechfunk unterhalten sich
zwei darüber, wo sie denn die Nacht über bleiben sollen
bei dem Wetter. Ja, das frage ich mich auch. Die
Gegend um Foxtown könnte ein schützendes Gewässer
sein. Um 16.00 Uhr liegt eine kleine Felseninsel vor
mir, Foxtown in der Ferne ist zu flach. Hier aber ist
rundherum tief genug zum Ankern. Im Windschatten
der Insel ist es ruhig, und sollte der Wind drehen, kann
ich ein paar Meter weiter wieder ein ruhiges Plätzchen
finden. Zwei Anker, beide halten gut, Segel weg, Ruhe.
Entspannt sitze ich unter dem Dodger im Regen, atme
tief die würzige Luft. 40 Meilen habe ich sehr schnell
zurückgelegt. Ich habe ein tolles Boot, es ist stabil und
schnell. Nun fühle ich mich wieder sicher. Und in
Zukunft: noch besser aufpassen! Es ist ein tückisches
Paradies.

Im Radio suche ich verzweifelt nach einem Wetterbericht. Die angegebenen Zeiten und Frequenzen geben nichts her. Ständig Gottesdienst, Singsang, monotone Aufzählung der gerade Gestorbenen. So kann das nicht weitergehen. In der Nacht höre ich ein seltsames Gezwitscher vieler kleiner Vögel, sie übertönen das Heulen in der Takelage. Um 4.00 Uhr werde ich vom Rauschen der Brandung geweckt. Der Wind hat gedreht, neben mir liegt die Insel, zwar in sicherer Entfernung, aber die Wellen donnern jetzt auf die Felsen, die Gischt ist in der Dunkelheit gut zu erkennen. Zur Sicherheit hole ich schon mal den unbelasteten Anker ein. Obwohl alle Wegepunke im GPS eingegeben sind, warte ich noch die zwei Stunden bis Sonnenaufgang. Im Morgengrauen lässt der Wind nach, ich setze Segel, dann Anker auf, und los geht's weiter hinein in die Abacosee. Herrliches Segeln ohne Welle in türkisblauem Meer, vorbei an den Bahamaperlen. Davon schwärmen ja die Fans dieser Region: Segeln bei Starkwind ohne Welle. Jetzt kommt doch die Sonne heraus, es wird ruhiger und warm. Nackt sitze ich im Cockpit, dusche, wasche die Haare, höre meine Kassetten, da ich es aufgegeben habe, im Radio einen Wetterbericht zu finden. Um 15.00 Uhr starte ich die Maschine, um in den engen White Sound von Green Turtle Cay einzulaufen. Drinnen in der großen geschützten Bucht finde ich am äußersten Nordende noch einen Ankerplatz. An die 60 Yachten ankern hier – verständlich, denn hier gibt es alles: Schutz, ein Geschäft, Treibstoff, Ersatzteile, herrliche Wanderwege und viel Unterhaltung.

Ich grüße die Leute auf den Nachbaryachten, die, durch mein Ankermanöver neugierig geworden, herüberschauen. Endlich wieder unter Leuten! Ich fühle mich geborgen, bin der wilden Einsamkeit entronnen. Und ich will endlich mal wieder Boden unter den Füßen haben, eine Blüte in die Hände nehmen, ein frisch gezapftes Bier trinken! Schon ist mein Tenderboot im Wasser, ich rudere die paar Meter hinüber zur rosafarbenen Anlage des Green Turtle Club, schlendere zur großen Terrasse, bekomme tatsächlich ein Pils und schaue nun hinunter in die Bucht, auf all die Yachten, auf die brave „Duet", umrahmt von weißem Strand und Palmen, dahinter saftig grüne Hänge, darin pastellfarbene Villen. Welch ein Land! Der Juniorchef bietet mir an, in seinem Pickup mitzufahren nach New Plymouth, dem Hauptort am Black Sound, 6 km von hier. Wir rumpeln entlang einer Sandpiste durch einen lichten Urwald. Von einem Hügel herunter können wir den Black Sound überblicken: Auch hier liegen einige Yachten und dahinter auf einer Halbinsel die lieblichen zartbunten Häuser von New Plymouth. Neben dem Sendemast ist die Post, ich telefoniere zwei Minuten für zehn Dollar mit Reny, die nun doch am 3. Februar in Nassau sein will. Na denn. Und so mit der Stimme der Heimat im Herzen wandere ich durch diesen stillen verträumten Ort, besuche die kleinen seltsamen Läden: den Bäcker mit süßem Bahamabrot, den „Supermarkt" mit angegammeltem Obst, Konserven aus den USA, den Fischladen. Überall treffe ich fröhliche tiefschwarze Bahamians, sehr dickleibige Frauen, derb und laut, unglaublich hübsche schlanke Mädchen, Gruppen von jungen Männern in den Bars, die trinken jetzt schon Mengen von Bier und versuchen, die laute Musik zu übertönen. In einer dieser Bars qualmt ein riesiger Grill, und es riecht gut nach Fisch, dort also esse ich einen vorzüglichen Grouper (Zackenbarsch) für wenig Geld, schaue dabei auf das Meer Richtung Süden, dorthin werde ich segeln, vielleicht morgen. Am Nachbartisch sitzen Yachties aus Kanada, sprechen ein seltsames Französisch, aber sie können auch Englisch, nachdem wir mit Französisch einfach nicht klar kommen. Sie unterhalten sich wieder über Maschinenprobleme, und jetzt wird mir langsam klar, dass ich trotz aller

Reparaturen doch noch sehr gut weggekommen bin mit „Duet". Sie leben aber auch schon drei Jahre hier in den Abacos und bekommen kaum Ersatzteile. Marsh Harbour ist das Zentrum der Abacos, dorthin lassen sie sich alles schicken. Natürlich waren sie auch schon in Nassau und überall in den Bahamas, aber sie bleiben jetzt in den Abacos, sie bevorzugen diese Inselgruppe.

Am Morgen des 22. Januar um 8.30 Uhr höre ich im „Cruisers Net" auf Kanal 68 den Wetterbericht. Er kommt von einem Amerikaner, der auf Green Turtle Cay wohnt und alle Informationen zusammenträgt. Anschließend kann jeder noch eigene Informationen, Anregungen und Grüße durchgeben. Viele Inseln in den Bahamas liefern diesen freundlichen und fast lebensnotwendigen Service, immer sind es Hinzugezogene, ehemalige Fahrtensegler. Hier in Green Turtle ist auch die Warnung vor den Monsterwellen vor Whale Cay unabdingbar, denn man muss die Abacosee wegen des extrem flachen Wassers verlassen und hinaus in den Atlantik um Whale herum. Ein weit entfernter Sturm lässt manchmal eine Dünung heranrollen, die auf dem weiten stillen Meer nicht sichtbar ist. Kurz vor Whale Cay aber baut sich auf Grund der Meeresbodenbeschaffenheit eine riesige Wasserwand auf, die sich genau vor der Durchfahrt bricht. Selbst ein 500-Tonnen-Frachter ist vor Jahren hier durchgekentert und gesunken. Heute aber ist Entwarnung, der Wind weht mäßig aus Ost, wolkenloser Himmel, also liegt ein herrlicher Segeltag vor mir. Mit einem etwas mulmigen Gefühl verlasse ich das helle glatte Türkis und steuere auf eine brodelnde Stelle in der tiefblauen Meerenge zu: der Ebbstrom trifft auf den Atlantik. Tief unten im glasklaren Wasser sehe ich bizarre Felsen, die jetzt in immer größer werdender Tiefe verschwinden. Draußen setze ich die Segel, rausche mit raumem Wind an den Klippen und Stränden von Whale entlang, um dann wieder durch die südliche Enge zurück in das flache

stille Türkis zu gelangen. Nach 24 Meilen und fünf
Stunden Sonntagssegeln gehe ich vor Anker in Marsh
Harbour. In dieser geräumigen Bucht liegen mehr als 80
Yachten. An den Ufern verstreut Marinas, Diskotheken,
Bars, Commercial Pier, Tankstellen, Dingi Docks. Der
Ort selbst ist hässlich. An den breiten staubigen Straßen
liegen einstöckige Betonbauten mit allerhand
Geschäften, Büros, Wohnungen. Dazwischen
Kraftwerk, Kläranlage, Supermärkte, eine kleine
Bibliothek. Es ist eine Boomtown im „wilden Westen".
Viele Autos wirbeln mit dem Wind zusammen den
Staub auf. Eine Prostituierte steht am Dingi Dock, nicht
allzu fett, aber die Zähne sind verfault. An der nach
Urin stinkenden Mauer hocken Bettler, hinter der Mauer
liegt Müll, eigentlich liegt überall Müll. Die Yachties
bewegen sich hauptsächlich zwischen dem Dingi Dock
und den beiden größeren Supermärkten, die gar nicht
schlecht ausgestattet sind und auch nicht so teuer, wie
oft behauptet wird. Ich kaufe zwei 2,5-Liter-Dosen
Grapefruitsaft von den Bahamas, super Qualität, sehr
billig. An der Kasse eine lange Warteschlange. Die
phlegmatische Schwarze schiebt unendlich langsam die
Ware über den Scanner, schäkert mit einem schwarzen
Sonnyboy, ein gutturales Lachen, ein Kreischen und
Quietschen, faszinierend, welch eine Lebensfreude, nur,
es geht eben nicht voran, und jetzt hat sie ganz
vergessen, dass sie an einer Kasse sitzt. Ihr Traumtänzer
schaut mich an, ich zucke die Schultern, er lacht und
gibt ihr einen Stoß, sie dreht sich um und macht weiter,
endlich. Mühsam schleppe ich die Dosen zurück, finde
ein Internetcafé, kann Pause machen und meine Post
erledigen. Hier an den Computern drängeln sich
Einheimische und die Reisenden. Das Internet vereint
uns alle.
Diesmal habe ich auch mein tragbares UKW-
Sprechfunkgerät dabei, denn auf Kanal 68 kann man
jeden anrufen, auch ein Taxi. In einer Reiseagentur

erkundige ich mich nach einem Flugticket nach Nassau,
falls ich es nicht schaffe, mit dem eigenen Boot dorthin
zu kommen: 150 Dollar, Taxi noch mal 20 und Hotel in
Nassau eine Nacht 130 Dollar. Na, das kann teuer
werden, ich muss also mit „Duet" nach Nassau! Und das
Wetter soll übermorgen ganz schlecht werden! Jeff und
June, mit denen ich zur Bucht zurückgehe, meinen, ich
solle unbedingt um 17.00 Uhr zur „Happy Hour" in die
Marsh Harbour Marina auf der anderen Seite kommen,
jeder bringt etwas zum Essen mit, und trinken kannst
du, so viel und was zu willst für sieben Dollar. Einmal
in der Woche ist dort dieser Event, das ist ein Muss für
alle hier, das darf ich auf keinen Fall verpassen! Ich
tuckere also in der Abendsonne im Slalom gemeinsam
mit anderen Tenderbooten durch die interessante Schar
der ankernden Weltenbummler. Jedes Boot ist ein ganz
individueller Kosmos für sich, und doch gibt es
Gemeinsamkeiten, z.B. die Stromerzeugung: Bei
manchen heult und brummt der Windgenerator Tag und
Nacht, bei anderen werden Solarzellen zur Sonne
gerichtet, oder es röchelt der Diesel. Oder: Wie
verstauen die ihre vielen Dieselvorräte an Deck? Was
hat denn „Ocean Pleasure" für eine tolle Konstruktion
am Heck, um das Dingi aus dem Wasser zu hieven! Und
„Perl Necklace" hat ja eine süße Galionsfigur!
Beneidenswert! Solch eine blonde Loreley würde ich
auch gerne spazieren fahren. Ja, da recken sie alle die
Hälse. Und drüben, diese Pappschachtel in Eigenbau
aus Kanada, wie hat es der denn hierher geschafft?
Einfach Sperrholz ausgesägt und zusammengeleimt,
unglaublich! Der verwilderte Rübezahl passt auch dazu,
auch er klettert in sein Sperrholzdingi und pullt mit uns
in dieselbe Richtung. Und dort ist die große Motoryacht
„Finisterre", eine teure Hatteras. Ich habe das alte
Ehepaar schon in Lake Worth getroffen, sie sollen
angeblich beide schon über 90 sein! Am Gästesteg der
Marina liegen schon viele Tender, ich zwänge mich

dazwischen, andere drücken nach. Der Pavillon auf leichter Anhöhe, umgeben von Palmen und Terrassen, ist hell erleuchtet. Großes Hallo, viele kennen sich bereits, man steht am Geländer mit dem Glas in der Hand, zeigt hinunter auf die Bucht, die jetzt vom Orange der untergehenden Sonne begossen wird, man umarmt sich, und helle Frauenstimmen durchdringen diese Männerherzen, denn viele sind allein unterwegs, Männer sind überzählig. Auf einer langen Tafel werden die mitgebrachten Häppchen zu einem großen Büfett zusammengestellt, an der Bar schäumt das Bier, aber auch harte Sachen rinnen schon durch die rauen Kehlen. Jeff und June winken mich an den Tisch, Maria und der Hund Stanley sitzen auch dort, es wird schnell voll und eng, an die hundert Leute drängeln sich jetzt in der Halle. Ein Kakadu wird herumgereicht, er klettert auch an meinem Arm hoch bis auf die Schulter, knabbert in meinen Haaren herum, ich gebe ihm ein Stück Paprika zur Beschäftigung, damit er mich nicht beißt und setze ihn auf die Schulter des Nachbarn. Irgendwann treffe ich auch Terence und Julia, dieses uralte Paar von „Finisterre". Julia erzählt später, sie hätten sich erst eine Woche vor der Abreise kennen gelernt, denn er habe dringend eine erfahrene Bootsfrau gesucht. Mein Gott, diese faltige sonnenverbrannte Haut und darin diese funkelnden lebendigen Augen, und natürlich hat sie Lippenstift aufgetragen. Diese alten Amerikanerinnen und ihr Drang nach ewiger Jugend! Ja, sie wollen auch nach Nassau und weiter, immer weiter, sie haben ein Boot und alle Zeit der Welt bis, ja bis sie plötzlich geholt werden, von Gott —. Ich bin übrigens der einzige Deutsche, die meisten sind Amerikaner und Kanadier, irgendjemand ist aus Südafrika. Viele interessieren sich dafür, wie ich das mit dem Bootskauf von Deutschland aus gemacht habe. Es ist alles so einfach gewesen, warum sind nicht noch mehr Deutsche auf die Idee gekommen? Die Zeit ist schnell verflogen, der Alkohol zeigt Wirkung, verträumt schaue ich auf Maria, die sich mit ihrem Freund herumzankt, ich würde jetzt sanft und liebevoll zu ihr sein, sie spürt das und lächelt.

Irgendwann in der Nacht taumle ich die Treppen zum Steg hinunter, plumpse schwer ins Gummiboot, ziehe am Starterseil, der Außenborder spring an, stolz brause ich in die Nacht hinaus, weiche Ankerketten aus und suche „Duet". Wo ist mein Boot, mein Bett, mein Zuhause? In der Dunkelheit sehen all diese Silhouetten ähnlich aus. Mist. Dann stottert der Motor und bleibt stehen. Stille ringsum. Die Paddel habe ich diesmal nicht mitgenommen, weil ich Angst vor Diebstahl hatte. Der Motor dampft vor Hitze, Benzin ist noch drin, Kolbenfresser? Was nun? Ich bin stinksauer, ständig ist etwas! Ich könnte heulen! Da drüben blinkt der große Sendemast, dort sind die Metalldampflampen der Handelspier, die Peilung sagt, ich bin nicht so weit weg von „Duet". Ich lege mich auf den Bauch, Kopf vorn auf den Wulst und Arme hinein in die schwarze Flut. Schon bin ich wieder nüchtern. Mit Schwimmbewegungen komme ich weiter und siehe da, hinter diesem dicken Rumpf liegt die kleine „Duet"! Kette mit Motor und Reling verbinden, alles sichern und ab in die Koje. Am nächsten Morgen nach dem Frühstück stelle ich fest, dass ich vergessen hatte, den Benzinhahn am Außenborder aufzudrehen: Suff kann ganz schön gefährlich sein, auch auf dem Wasser.

So fest und spät in den Vormittag hinein habe ich schon lange nicht mehr geschlafen, aber das ist auch OK heute, es ist windig, kalt, und es regnet sogar, geradezu ideal, den Kater langsam loszuwerden. „Duet" zerrt an der Ankerkette, die See steht direkt auf die nach Norden offene Bucht. Aber schon der nächste Tag ist wieder still und warm. Es sind nur wenige Meilen nach Hope Town, Elbow Cay. Unterwegs ganz dicht an Steuerbord ein Wirbel im Wasser, ich warte auf das Springen eines Delphins aber, oh Schreck, da schaut mich ein ganz runzeliges Gesicht an, und dahinter ist der riesige Panzer einer Meeresschildkröte! Bestimmt ein Meter Durchmesser! Wow, was für ein Meer ist das hier!

Hope Town legt sich um eine kleine geschützte Bucht mit sehr enger Einfahrt. Auch hier sind die gepflegten Häuschen pastellfarben, hauptsächlich rosa und hellgrün. Ich habe Glück und finde eine freie Mooringtonne, pulle dann zur Marina hinüber, um 15 Dollar dafür zu bezahlen, dann binde ich meinen Tender am Steg der „Seeterrassen" fest, um erst mal an einem gepflegten Tisch eine üppige Fischplatte zu bestellen. Das ist Leben, an diesem Tisch zu sitzen und diesen Fisch zu genießen, dazu ein kühles Bier und der Blick auf die Bucht und mein Boot. Leider allein. Nach dem Spaziergang durch den malerischen Ort jedoch, zusammen mit einigen anderen Yachties, Piña Colada an der Bar der Harbour Lodge. Von hier haben wir einen herrlichen Blick hinunter auf einen atemberaubenden Strand mit Atlantikbrandung. Natürlich hat einer den Einfall, schwimmen zu gehen – ohne Badezeug? Klar, wir Männer gehen einfach hundert Meter weiter weg so rein. Gute Idee, es ist toll in der Brandung, und nachher an der Bar haben wir eine super Stimmung. Erst nach Sonnenuntergang trennen sich wieder unsere Wege, jeder trollt sich zurück auf sein Boot. Ob wir uns irgendwann wieder treffen? Wir haben uns so gut verstanden, dennoch, es ist vorbei, und es bleibt die Erinnerung an eine bewusst gelebte Zeit. Die Dauer ist nicht entscheidend, die Qualität ist es. In der Rückschau sind solche Momente bestimmend für die gesamte Lebensqualität eines Menschen. Wenn sich viele solcher Momente erinnern lassen, dann haben wir ein langes, reiches Leben gehabt. Hemingway fällt mir da ein: „The Short Happy Life of Francis Macomber". Ich habe einige Bücher von ihm dabei, hier ist der ideale Ort, ihm näher zu kommen, ihn zu verstehen.

Mein nächstes Ziel ist die kleine berühmte
Bucht von Little Harbour, die letzte Station vor dem
großen Sprung nach Nassau, aber ich komme dort nicht
rein, die Einfahrt ist einfach zu flach. Also hinaus durch
das Loch im Riff, raus in den Atlantik und Kurs Nassau,
noch 80 Seemeilen. Doch der Wind dreht auf die Nase,
also zurück und noch bei Tageslicht wieder durch das
Riff. Ich ankere vor der Einfahrt und kann wegen der
Atlantikschwell die ganze Nacht nicht schlafen, alles
knarrt und scheppert. Am nächsten Morgen wieder
schlechter Wetterbericht. Um 10.00 Uhr ist
Hochwasser, ich will versuchen, durch die Einfahrt zu
gelangen, damit ich endlich Schutz und Ruhe habe, aber
wenn ich bei Hochwasser auf Grund gehe, ist es aus.
Noch nie habe ich eine solch enge Rinne gesehen. Das
Echolot habe ich ausgestellt, hier kann man nur noch
mit Sicht etwas machen, jedes Steinchen muss umfahren
werden. Eigentlich sollte ich aussteigen und „Duet"
tauchend hinter mir herziehen, aber ich gehe vor zum
Bug um zu schauen, ein paar Meter vorantasten, wieder
auskuppeln, schauen, zurück rennen, ein leichter Stoß
hier und da, aber es geht weiter, und dann bin ich
endlich drin! Ich bin nicht allein. Neun kleinere Segler
ankern hier wie in einem Kratersee, umgeben von
weißem Strand, Felsen, Bergen. Drüben ein Steg und
eine Bar, dahinter zwischen Palmen die Galerie von
Randolph Johnston (gestorben 1992), und verstreut an
den Hängen einige Holzhäuser und Villen. Little
Harbour ist ein Ort der Stille, der Kontemplation und
des künstlerischen Schaffens, Johnstons Sohn Pete gibt
hier jetzt Kurse in plastischem Gestalten. Am Strand im
Schatten großer Bäume sehe ich eine Gruppe von sechs
Frauen mit Wachs modellieren. Die Figuren werden
einmal in der Woche im Ausschmelzverfahren in
Bronze gegossen. Nebenan in der nach allen Seiten
offenen und aus Strandgut zusammengesetzten
originellen Bar treffe ich Marc, einen Holzbildhauer aus

Kanada. Er sitzt hier ganz allein mit seinem Bier und wartet auf Laurie, eine etwas in die Jahre gekommene Frau, die Reichtum und Ehe nun endgültig hinter sich hat – einige Anrufe von hier nach Washington haben das geklärt. Sie hat nun hier mit Marc auf seinem Boot ein neues Leben angefangen. Sie also kommt jetzt vom Strand herauf und lächelt so unbeschwert und verliebt, dass ich Marc die ganze Story glauben muss. Wir besuchen gemeinsam die Galerie, und Marc zeigt mir auch seine Arbeiten, stilisierte und bemalte Schnitzereien von Seevögeln und Fischen. Laurie kuschelt sich an. Ich schaue durch die großen Scheiben auf den Platz unter den Bäumen, die Frauen an ihrer Werkbank, dahinter das Türkis und „Duet" darauf. Später an der Bar essen wir gegrillten Fisch. Robert, von „Tekumseth", auch aus Kanada, kommt mit Frau und zwei Kindern (sieben und neun) noch dazu. Er ist Farmer, hat aber einen Vertreter gefunden, kann zwei Jahre Urlaub machen und seine Kinder zusammen mit seiner Frau selbst unterrichten. Die Schulbücher haben sie mitgenommen. Sie wollen auch nach Nassau, aber erst, wenn ein wirklich sicheres Wetterfenster aufgeht. Jetzt soll ja erst mal eine Drei-Tage-Front durchrauschen, da können die Kinder doch Kunstunterricht nehmen. Die beiden kommen mir für ihr Alter übrigens sehr nachdenklich und konzentriert vor, dabei fröhlich, gelassen und entspannt. Da ich 20 Jahre lang Lehrer war, fällt mir ihre Art sofort auf. Ich muss herausfinden, ob sie schon vor der Reise auf dem Boot so waren oder ob sich eine Entwicklung vollzogen hat, die die Eltern beobachtet haben. André jedenfalls sei deutlich ruhig geworden, sagen sie, Annie sei schon immer so gewesen, aber sie seien überzeugt, dass sie in dem Jahr unterwegs mehr für das Leben gelernt hätten als in der Schule.

Abends bin ich bei Marc und Laurie an Bord der „Kaoha", ein Sieben-Meter-Boot, sehr eng, vor allem nachdem Laurie hier mit ihren Sachen eingezogen ist. Marc hatte schon vorher kaum Platz für sein „Atelier". Und auch sie wollen nach Nassau. Marc, der schon seit zehn Jahren in diesen Gewässern kreuzt, hält eine Teilung der Strecke nach Nassau für möglich: Egg Island an der NW Spitze von Eleuthera, nicht weit von Spanish Wells wäre ein Zwischenstopp. Er gibt mir die exakten Wegepunkte für mein GPS, so dass ich auch nachts gefahrlos in die Meerenge laufen kann. 40 Meilen sind nicht in einem Tageslicht zu schaffen, und hier kann ich nur bei hellem Licht und Hochwasser wieder hinaus. Egg Island wird also nur bei Nacht zu erreichen sein. Aber jetzt warten wir den Durchgang der Front ab und machen uns eine schöne Zeit in einer der schönsten Buchten der Welt: Wir wandern entlang lichter sandiger Wege durch die Wälder, hinauf in die Berge zu den Aussichtspunkten, wir wandern zum breiten einsamen Atlantikstrand, und wir sammeln Kokosnüsse. Marc schlägt sie schnell und gekonnt auf, dann wird das Fleisch geraspelt und ausgepresst, diese Kokosmilch brauchen wir am Abend für ein Fischessen bei Nancy. Aus dem trockenen Kokos-Schrot wird ein Kuchen gebacken. Nancy (81) bewohnt allein ein großes Anwesen auf der Anhöhe unweit der Bar. Von ihren großen Fenstern, die von der Decke bis zum Boden reichen, und von ihren weitläufigen Holzterrassen hat man einen Blick auf den Atlantikstrand und über die Bucht hinüber bis Elbow Cay. Der Garten ist naturbelassen, aber vielfältig, und deshalb sind auch viele Vögel und Landschildkröten hier. Nancy kommt aus Baltimore, sie hat diese Bucht vor vielen Jahren mit ihrem Mann auch auf eigenem Kiel erreicht. Sie haben dann sofort erkannt, dass sie hier ihren Lebensabend verbringen wollen. Damals konnten sie noch preisgünstig Land erwerben, und sie haben dieses Haus von Einheimischen bauen lassen – mit Material aus den USA. Auch nach dem plötzlichen

Tod ihres Mannes hat sie nie daran gedacht, z.B. wegen ärztlicher Versorgung in die USA zurückzugehen. Sie hat hier Telefon und Internet, und wenn es sie eines Tages trifft, na dann in angenehmer Umgebung.

Acht fröhliche Gäste sitzen am großen Tisch in der Küche, draußen ist es kühl und stürmisch geworden. Es wird dunkel, und durch die geschlossenen Fenster hören wir die Brandung.

Die Nacht ist selbst in dieser rundum geschützten Bucht unruhig. Draußen auf dem Atlantik eine weiße See, überzogen von einem Gischtschleier. Ich habe große Schwierigkeiten, mit dem Dingi an Land zu kommen. Wie sieht es in anderen Buchten und Häfen aus, wenn hier schon der Teufel los ist? Nancy sagt, sie hätte selten solche Wellen in der kleinen Bucht gesehen, und dabei ist das doch kein Hurrikan. Langsam werde ich ungeduldig, eine Woche vor Renys Ankunft in Nassau, und keine Aussicht auf Besserung. Doch am nächsten Tag plötzlich Ruhe, und der regionale Wetterbericht redet von einem kleinen Fenster. Also los! Mit den neuen Freunden, die noch ein paar Tage warten wollen, ein letzter Drink an der Bar. Mittags bei Hochwasser wieder ganz langsam durch die Enge, Luft anhalten, geschafft! Draußen steht eine gewaltige Dünung, das Loch im Riff ist gut zu erkennen, weil rechts und links die Brecher schäumen. Wirklich unheimlich, mit Motorkraft solch einen Wasserberg hinaufzufahren, der sich neben mir auf beiden Seiten zu einer grünlich schimmernden Wand aufbaut und dann donnernd zusammenbricht. Endlich! Das Herz schlägt noch in der Halsgegend, der tiefblaue Atlantik hat mich wieder, sanft fahre ich jetzt auf und ab, ein leichter Wind zieht „Duet" über diese Hügel nach Süden. An Steuerbord der weite Strand und oben das Anwesen von Nancy. Niemand ist zu sehen, niemand, der zum Abschied winkt.

Ich komme gut voran, und so entscheide ich mich, direkt Kurs auf Nassau zu nehmen. Um 21.00 Uhr in dunkler Neumondnacht ist das Feuer von Hole in the Wall querab, das letzte Licht von Great Abaco, leichter Wind aus Südost. Irgendwas stimmt nicht mit der Elektrik, ich verbrauche zu viel Saft, da muss irgendwo ein Fehlerstrom sein. Ich muss morgen alles durchmessen, jetzt bleibt mir nur, die Maschine mitlaufen zu lassen, um die Batterien zu laden. Und dann fällt das GPS aus. Ich habe ja noch Loran, aber das ist mehrfach ungenau getestet worden. Immerhin, der Kompass geht ja noch. Plötzlich auf Kanal 16 PAN PAN! So etwas habe ich ja life noch nie gehört! Ein Frachtschiff ca. 60 Meilen entfernt hat einen Mann über Bord und bittet um Hilfe bei der Suche. Für mich ist der Ort zu weit weg, oder? Soll ich hin? Der Kapitän gibt nur seine Position an, nicht den Kurs, den er gelaufen ist. Und ich kann ihn nicht anrufen, mein UKW ist zu schwach. Quere ich vielleicht seine Kurslinie? Besteht die Möglichkeit, den Mann aufzufischen? Ich starre in die Dunkelheit, habe Halluzinationen, höre Hilferufe von allen Seiten. Um Mitternacht sehe ich einen hellen Schimmer voraus, sieht aus wie Morgengrauen, es ist Nassau, das Licht von Nassau liegt vor mir! An Steuerbord kommt ein Schiff direkt und schnell auf mich zu. Ich befinde mich genau im Fahrwasser der Großschifffahrt des Northeast Providence Channel. Ob die mich auf dem Radar sehen? Oder sehen sie mein Topplicht? Zur Sicherheit hole ich den Handscheinwerfer und strahle abwechselnd das Schiff und meine Segel an. Und siehe da, das Schiff verändert seinen Kurs, dampft hinter mir vorbei. Auf Kanal 16 kein Mucks.

Um 7.00 Uhr am Freitag, 30. Januar 2004, tuckert „Duet", gefolgt von einem riesigen Kreuzfahrtschiff, zwischen den Wellenbrechern der westlichen Einfahrt von Nassau. „Nassau Harbour

Control – ‚Duet' – arriving from Great Abaco entering
Western Channel – over" –„‚Duet' – Nassau Harbour
Control – where do you intend to stay? over" – „Nassau
Harbour Control – ‚Duet' – I hope I can stay in the
Harbour Club Marina – over" – „‚Duet' – Nassau
Harbour Control – register from there by phone – out" –
Nun bin ich müde und glücklich. Eine warme Sonne
scheint auf das Hafengetümmel. Aus der Einsamkeit
und Dunkelheit plötzlich in diesem quirlenden Leben,
welch ein Kontrast! Rechts liegt die Stadt mit drei
Kreuzfahrtschiffen davor, über mir setzt eine Maschine
zur Landung an, um mich herum knattern die ersten
Freizeitfischer hinaus, hinter mir der schreckliche hohe
Bug des Cruise Ships, links das faszinierende
Märchenschloss „Atlantis Hotel" auf Paradise Island!
Peng! Da bin ich! Das sind aufregende Minuten im
Leben! Jetzt kann nichts mehr passieren, bald kann ich
Reny in die Arme schließen.

Exumas

Ein hilfsbereiter Dockmaster hat die Leinen
angenommen, ich habe mich telefonisch registriert,
endlich mal wieder geduscht, und nun liege ich mit
einem Drink am Pool und schaue auf Paradise Island. In
vier Tagen kommt Reny. Die Angst, es vielleicht nicht
hierher zu schaffen, ist einer grenzenlosen
Glückseligkeit gewichen. Nassau, welch eine hektische
und vielfältige Stadt! Fischmarkt, Strohmarkt,
Supermärkte, Steueroase, Staus, Discorummel, Nepp,
Kitsch, Luxus und Armut, Glanz und Dreck auf engstem
Raum. Auf der anderen Seite des Hafens, mit zwei
Brücken verbunden, Paradise Island mit dem
verrücktesten Hotel der Welt, davor Megayachten.
Nassau ist Hauptstadt der Bahamas und Fremdkörper
zugleich. Trotzdem gehört es dazu, und man muss es
erlebt haben. Nassau ist laut. Auch in der Nacht dröhnt

Musik aus den Häusern der Bahamians, aus den Bussen und aus ihren Autos, von ihren Fischerbooten und Ausflugsschiffen, die Bässe wummern über den Hafen, die immer gleichen Rhythmen durchdringen den Körper.

Im Stadtzentrum in einem kleinen Park besuche ich gerne die Bibliothek im ehemaligen alten Wasserturm. Die schwarzen Bibliothekarinnen sind unendlich lieb, aber unorganisiert. Ich habe mich gerne in die Stille hinter diesen dicken Wänden zurückgezogen, auch wegen der etwas kühlen, muffigen und modrigen Luft, durchsetzt vom Duft tropischer Blüten, der durch die offenen Fenster hereinweht. Das Rascheln der Palmwedel, ein Schiffstyphon klagt in der Ferne, drinnen der menschliche Geist in der Flasche, aber kaum jemand interessiert sich dafür, weil draußen das Leben pulsiert, die schwarzen Männer da draußen lachen sehr laut und manchmal singen sie auch. Ich blättere wahllos in irgendwelchen Schwarten, die geheimnisvoll aussehen, und da ist auch ein vergilbter Reiseführer von Heidelberg, seltsam diese Bilder vom Schloss im Schnee und den alten Weinstuben, das ist wirklich sehr sehr weit weg.

Der Ocean Club auf Paradise Island ist auch eine kleine Oase der Stille und Schönheit: Sie beginnt mit der Anfahrt durch eine Parklandschaft voller seltener Palmengewächse, leuchtender Blüteninseln auf getrimmten Rasenflächen. Das kleine elegante Empfangsgebäude im Landhausstil der Toskana besticht durch edle Materialien in schlichter Eleganz. Vier bis sechs Herren in weißer Livree öffnen dir die weiten Glasflügeltüren zur Halle, du stehst verzaubert in einem riesigen Wohnraum mit Bibliothek, Springbrunnen, Ledersesseln, passenden Gemälden bester Qualität auf venezianischem Spachtelputz. Ein hübsches Mädchen bringt dir lächelnd zur Begrüßung einen Orangensaft, du schaust hinüber zur nächsten Flügeltür, denn dahinter erblickst Du ein Panorama, das dich weiterzieht: Hinter den Säulen der schattigen Terrasse breitet sich eine riesige Rasenfläche mit Palmengruppen aus, und dahinter ist das kobaltblaue Meer. Du gehst also auch durch diese Tür wie im Traum hinaus, vorbei an einigen leise murmelnden Gästegruppen, über diese Wiese bis zu einem Pavillon hoch über dem Abhang, hoch über dem Strand und der Brandung. Dieser Pavillon ist umgeben von Glas und einer umlaufenden Terrasse, in der Mitte eine große Bar. Von hier aus gehen die Yuppies zum Strand hinunter, um vielleicht auf Wellen zu reiten. Hier sitzen die Reichen und die Schönen, und hier trinke ich das teuerste Bier meines Lebens. Der kleine Ocean Club ist das elegante Gegenteil vom Disneystil des gewaltigen Atlantishotels mit seinem Casino, seinen Häfen, Stränden, Pools, Gärten, Hallen, Restaurants, Bars, Shoppingmalls und dem berühmten Aquarium. Atlantis ist Kulisse, ein architektonischer Gag, ein Spiel mit einer Legende. Ständig habe ich das leicht gruselige Gefühl, die Zeit des Untergangs ist wieder nah, die Menschen haben wieder zu viel gewagt, sie sind wieder zu reich, zu selbstsicher und zu lasterhaft.

Nach zwei Tagen habe ich genug von Nassau und genieße die Strände von Rose Island ca. fünf Meilen weiter östlich. Hier, nur eine oder zwei Stunden entfernt von der Stadt findet man eine reine Natur, kleine Inseln und Buchten, ein Vorgeschmack auf die Exumas weiter südlich, eine Inselgruppe, die alle anlockt.

Am 4. 2. endlich landet Reny, sie ist müde nach 17 Stunden Flug mit Umsteigen in Frankfurt und Miami. Dennoch, sie ist begeistert, plötzlich diese tropische Luft atmen zu können. Eben noch ist sie durch Schnee und klirrende Kälte gestapft, hat ihre wichtigen Termine voller Skrupel verschieben müssen, hat sich mühsam und unwillig diese 14 Tage abgerungen, hat eh

schon Stress, und dann noch dieser Flug! Und doch, die
Luft, die Gerüche und die Musik im klapprigen Taxi,
der lässige Chauffeur: Es gibt doch noch etwas ganz
anderes auf der Welt. Aber Reny hat Angst vor dem
Wasser. Das Hotel der Harbour Club Marina wäre ihr
lieber, und dummerweise ist es in der Nacht auch noch
recht windig. „Duet" zerrt unruhig an den Leinen.

Nach einigen Tagen hat auch Reny genug von
Nassau, und wir verlassen am frühen Morgen mit
bestem Wetterbericht, denn den habe ich ihr
versprochen, und bei wolkenlosem Himmel den Eastern
Channel mit Kurs auf Highbourne Cay, Exumas. Ein
zarter Wind schiebt uns zur Yellow Bank. Nach zwei
Stunden wird die See plötzlich spitz, und nur eine kleine
Genua zieht uns mit rauschender Fahrt durch gischtende
Wellen. Reny will zurück. Also kreuzen gegen den
Wind, ungemütliche vier Stunden liegen vor uns. Nach
kurzer Zeit ist Reny seekrank, starrt apathisch und
bleich vor sich hin. Also dann doch lieber Highbourne
mit dem Wind im Rücken in fünf Stunden. Um die
Mittagszeit haben wir doch tatsächlich 30 kn Wind!
„Duet" jagt mit Rumpfgeschwindigkeit über die
Korallenköpfe hinweg, ab und zu gieße ich eine Pütz
Seewasser ins Cockpit, wo Reny zusammengekauert
hockt. „Reny, schau mal, vor uns am Horizont taucht
die Insel auf, wir sind bald da!" Reny rührt sich nicht,
aber sie atmet noch. Um 14.00 Uhr laufe ich in die
geschützte Bucht von Highbourne Cay ein: weiße
Strände ringsherum, Palmen, bewaldete Hügel, glattes
klarstes Wasser. „Duet" ist endlich ruhig, und Reny
reckt den Hals, schaut endlich wieder aus den Augen.
Ich rechne jeden Moment mit einem Wutausbruch,
begleitet von einer Hasstirade. Ich halte auf die
nagelneue kleine Marina zu. Bloß nicht ankern, egal
was es kostet, Reny muss jetzt problemlos an Land
gehen können. Der Bug nähert sich dem Steg, zwei
schwarze Dockjungs kommen gelaufen. „Reny, hier,

nimmt doch mal die Leine nach vorn und wirf sie den Jungs da zu!" – Nicht zu fassen, Reny steht tatsächlich auf und geht mit der Leine nach vorn, ich habe etwas ganz anderes erwartet, das gibt es doch gar nicht. Aber so ist es! „Duet" ist fest, ich gebe den Jungs aus Dankbarkeit einen Schein, der ihnen aber aus der Hand ins Wasser fällt und davon segelt. Sie lassen es geschehen und lächeln. Überall hier haben die Leute ein stilles Lächeln, als wir Hand in Hand über den Steg promenieren, an dem Kiosk trinken wir ein kühles Bier und schauen auf die friedliche Umbebung. In der Ferne hinter der Einfahrt aber sehen wir die weißen Wellenkämme, draußen weht noch immer ein heftiger Sturm. Reny ist mir nicht böse. Ja, sie hat jetzt Vertrauen zum Boot. In den Bahamas können durchaus solche unvorhersehbaren lokalen Stürme auftreten. Und jetzt sind wir im Paradies, haben unseren Eintrittspreis bezahlt.

Highbourne ist einsam. Wir machen stundenlange Wanderungen zu weiten leeren Stränden, abends grillen wir tiefgefrorene Steaks vom Kiosk. Als Sundowner hat auch Reny den Bahamarum lieb gewonnen. Zwei Tage später ankern wir in der rundum geschützten Bucht von Allens Cay, um die Leguane zu besuchen. Hier liegen schon an die 15 Yachten, aber Allens Cay bietet ja auch nicht nur eine spektakuläre Tierwelt, rundherum gibt es Strände und herrliche Korallenriffe zum Tauchen. Die fast einen Meter langen Leguane sind zutraulich und gefräßig (Salat, Weintrauben, Orangen z.B.). Reny hat sich bald an das faule Leben gewöhnt. Selbst das klare warme Wasser scheint ihre Ängste so weit zu verringern, dass sie sogar mit dem Schnorchel die Korallenwelt bewundert. Soziale Kontakte kommen auch nicht zu kurz: Einen Nachmittag verbringen wir bei einer Familie mit zwei Töchtern an Bord einer Yacht aus Alaska. Und am Abend sind alle Segler der Umgebung mit dem Versuch beschäftigt, eine Segelyacht von einer Sandbank zu ziehen.

Leider hat Reny nur für 14 Tage gebucht – ein Witz eigentlich, und wir müssen einen Spielraum für die Rückreise freihalten. Man sagt, man solle aufhören, wenn es am Schönsten ist. Uns so verlassen wir auch diese Inselwelt. Der Segeltörn zurück nach Nassau ist wirklich von der sanftesten Art, wir schweben über den Sand und die Fächerkorallen der Yellow Bank, und dann liegt wieder die Stadt im Abendlicht vor uns, wir ankern am alten Platz vor vertrauter Kulisse, wir grillen und trinken auf diese schöne Zeit. Leider kann auch ich jetzt nicht mehr weiter in die Exumas eindringen, die Zeit bis zum Heimflug am 18. März von Miami brauche ich nun zur Rückkehr nach Florida, um das Boot dort zu verkaufen. Deshalb möchte ich, sozusagen als Fortsetzung der Reise durch die Exumas, an dieser Stelle die Fahrt mit Fred auf seiner SY „Sagitta" hier einflechten, der mich ein Jahr später als Ersatz für seine Frau dazu einlädt. „Sagitta" hatte ich schon vorher erwähnt.

Im November 2005 fliege ich nach Orlando, Florida, und werde von Fred im Auto eines Freundes vom Flughafen abgeholt. Wir fahren in der Nacht über Cocoa Beach nach Fort Pierce, wo „Sagitta" an einem Privatsteg liegt. Wieder geht die Reise durch den ICW an Lake Worth vorbei, durch Fort Lauderdale, dort durch das Inlet hinaus auf den Atlantik bis Miami. Wir ankern vor No Name Harbour, Key Biscaine, warten auf ein Wetterfenster, dann in einem Rutsch nördlich vorbei an Bimini, durch den Northwest Channel nach Nassau, Harbour Club Marina. 32 Stunden für 172 Seemeilen, teilweise unter Motor. Nachts sind wir abwechselnd Wache gegangen. Nach zwei Tagen Aufenthalt segeln wir weiter nach Normans Cay über die Yellow Bank. Glücklicherweise haben wir auf dieser Bank fast Windstille, als wir an eine derart flache Stelle kommen, dass wir vor Schreck die Schoten loswerfen und die Maschine starten. Unterm Kiel ist kaum noch eine Handbreit Wasser. Wenn wir Seegang hätten, würden wir hier aufdotzen. Wohin jetzt? Wo wird es tiefer? Ganz vorsichtig versuchen wir verschiedene Richtungen, dann endlich haben wir es geschafft. Fred hat so etwas noch nie hier erlebt.

Am nächsten Tag liegen wir an einer zugewiesenen Mooringtonne in der Lagune von Warderick Wells Cay, einem Naturschutzgebiet. Weil es wunderschöne Wanderwege und viele Tiere gibt, sind hier auch viele Yachten. Bei einer Fahrt mit dem Dingi über flaches Wasser überfahren wir einen beinahe einen Quadratmeter großen Manta. Auf dem Boo Boo Hill hinterlassen wir auch, wie Hunderte vor uns, ein Brett mit dem Namen „Sagitta". Von hier hat man einen herrlichen Blick über einen Teil der Inselkette. Interessant auch das Blow Hole. Fred dachte schon, heute sei nichts los, weil das Meer so ruhig sei, und beugt sich gleichgültig über das Loch. In diesem Moment ertönt ein lautes Fauchen, und seine Mütze fliegt hoch. Überall in den Bahamas findet man solche Löcher und auch Unterseegrotten, durch die das Meer wie durch eine Röhre strömt und alles mit sich reißt. So entstehen an der Meeresoberfläche abwechselnd sprudelnde Quellen oder saugende Strudel. Hier in der Nähe des Blow Holes, bei kräftiger Brandung, bebt der Kalkstein unter den Füßen, und tief unter einem kann man an verschiedenen Stellen die Brandung in den Grotten hören. Das nächste Ziel ist ein Ankerplatz im stillen Pipe Creek bei Overyonder. Oben auf dem Berg sieht man das Haus von Blue Yonder, der alten Dame, die den Yachties über UKW den Wetterbericht und andere nützliche Informationen sendet. So plätschern die Tage ruhig dahin, das Wetter ist gleichbleibend gut, d.h. sonnig, warm und nicht zu windig, abends wird gekocht, gelesen, getrunken, erzählt. Fred hat so seine eigenen Vorstellungen von Ordnung an Bord, aber das ist OK, er lebt schon so lange auf dem Boot mit seiner Frau Monika, da hat sich alles eingespielt, da gibt es keine Probleme oder Diskussionen, also werde ich mich für die 26 Tage an Bord auch nicht mucksen. Außerdem lerne ich viel von Fred. Beeindruckend ist seine effektive Stromerzeugung mit den Solar Panels, die man allerdings ständig zur Sonne richten muss, erst dann kommt richtig Saft rein. Der Kühlschrank frisst ja auch viel Strom.

Staniel Cay ist wieder ein kleiner (100 Einwohner?) pastellbunter Ort in schöner Umgebung. Eine Perle nach der anderen wird aufgereiht. Dann sind wir unterwegs nach Blackpoint Harbour, wo Fred einige Bewohner kennt, unter anderem auch eine Bäckerfrau, bei der er schon jetzt per Funk Brot bestellt. Dieser UKW Kanal 68 vermittelt Kontakt zu Menschen, suggeriert Geborgenheit in dieser wunderschönen Einsamkeit, aber er kann auch eine Plage sein, wenn die idyllische Ruhe durch das ständige Geplapper und Gekrächze gestört wird. Und immer hört man „...do you copy?" und „...roger that."

Unter dem Steg von Staniel schwimmen junge Haie, freuen sich über die Abfälle von der Bar. Überhaupt Abfälle, überall dort, wo sich Siedlungen gebildet haben, liegt massenweise Müll herum, sogar am Strand, Auto- und Bootswracks, alte Bleiakkus, Plastikmüll – vor allem dort, wo Einheimische wohnen. Die Bahamians legen keinen Wert auf die Sauberkeit ihres Paradieses, obwohl sie wissen sollten, es ist ihr einziges Kapital! Menschen sind keine Schweine, denn Schweine sind in Freiheit sauber, Menschen sind eben Menschen, ein gewaltiges Krebsgeschwür, das sich letztlich selbst auffrisst. In Georgetown, der Hauptstadt der Exumas, wo manchmal 150 ausländische Yachten vor Anker liegen, bilden sich ab und zu unter den Fahrtenseglern Initiativen zur Sammlung von Müll. Die

Bahamesische Touristenbeauftragte am Flughafen Georgetown mit ihrem Fragebogen tat so, als hätte sie nie davon gehört.

Wir segeln weiter an Great Guana Cay und Little Farmers Cay entlang Hier gibt es eine kleine Marina für Superreiche, wir durchsegeln traumhafte Buchten und das Galliot Cut, um in den tiefen Exuma Sound zu gelangen. Dort steht eine lange Dünung, und Fred versucht bei langsamer Fahrt sein Glück mit der Angelleine, jedoch mehr als abgebissene Köder kommt nicht dabei heraus. Gegen Mittag bei höchstem Sonnenstand zwängen wir uns durch die Klippen des Adderly Cut. Fred steht am Ruder, ich unten am PC gebe die genaue Position und die Richtung an. Wenn ich aus dem Fenster sehe, erschrecke ich über die Nähe der Felsen, aber alles stimmt exakt mit der Karte auf dem Bildschirm überein. In der stillen Lagune von Lee Stocking Island gehen wir an eine Mooring des Carribean Marine Research Center. Am nächsten Tag erhalten wir die Gelegenheit, das Perry Institute of Marine Studies zu besuchen: das Labor, Aquarien mit Korallen, Monitore, die mit Kameras im Meer verbunden sind. Die Entsalzungsanlage (Reverse Osmosis) wird erläutert und das Kraftwerk. Der „Hausmeister", also der Island Warden, fährt uns mit seinem Jeep über die Insel und zeigt uns auch das U-Boot von 007 aus dem Film „Thunderball", die Landebahn, Schiffswracks und als krönenden Abschluss sein Haus auf der Spitze des Berges über dem Adderly Cut, mit einer atemberaubenden Aussicht. Augenblicklich sind keine Wissenschaftler da, außer uns ankert nur noch eine andere Yacht hier, welch eine Abgeschiedenheit!

Die nächste Etappe bringt uns dann aber zur „Hauptstadt" der Exumas: Georgetown. Wir verlassen den tiefen Exuma Sound und tasten uns durch das flache Türkis des Elisabeth Harbour, um dann einen

Ankerplatz zu finden, den Fred wochenlang behalten wird. Unter großem Hallo tuckern wir durch eine Ansammlung von ungefähr 20 Yachten bis kurz vor den Sand von Volley Ball Beach, dem Zentrum der Fahrtensegler in den Exumas. Wir sind angekommen. In den vielen Buchten der näheren Umgebung liegen weitere 100 Boote. Gegenüber, auf der anderen Seite von Elisabeth Harbour, auf Great Exuma Island, kann man gerade noch einige Häuser von Georgetown erkennen. Dort fährt man mit dem schnellen Dingi nur mal zum Einkaufen oder wegen Internet hinüber, denn hier hat man alles, was man zum Leben braucht: Strand, Unterhaltung, Ruhe. Viele kennen sich, treffen sich hier schon seit Jahren, die meisten sind im Ruhestand, einige haben auch ihre Kinder und Enkel mitgebracht. Am Spätnachmittag treffen sich alle unter den Bäumen, es werden Erfahrungen ausgetauscht, man spielt Volleyball, oder man trinkt etwas in der Bar oder man isst Conch, Meerschneckenfleisch als Salat oder frittiert. Am Strand liegen dicht gedrängt die Dingis. Kurz vor Sonnenuntergang tuckert alles wieder zurück zu den Yachten. An Bord dann der übliche Sundowner mit Blick auf die interessante und wunderschöne Umgebung, dann wird das Abendessen bereitet. Tagsüber wandern wir über die Dünen hinüber zum weiten wilden Strand am Exuma Sound.

In Georgetown geht man mit dem Dingi an das Dingi Dock im Victoria See hinter dem Supermarkt, dort kann man direkt am Steg kostenlos die Frischwasserkanister mit Osmosewasser füllen und den Müll wegbringen. Auch das ist ein Grund, warum in der nahen Umgebung von Georgetown so viele den Winter verbringen. Im Supermarkt ist es etwas schlampig, aber man bekommt alles, was man hier braucht und nicht zu teuer. Wir kaufen Frischfleisch für den Grill am Abend. Fred hat nämlich auch einen Schwenkgrill im Cockpit, den man nach außenbords schwenken kann. Natürlich besuchen wir auch Batelco für die nun wichtigen Mitteilungen: Wir sind angekommen! Das Internetcafé ist auf dem neuesten Stand, und man bekommt Kaffee dazu. Ich unternehme längere Wanderungen um den See herum und in die Siedlung weiter im Norden. Hier stehen hinter Mauern und Bäumen versteckt viele herrliche Villen. In einigen Jahren sollen hier ganze Villenviertel entstehen, die Straßen sind schon angelegt, man kann es vom Flugzeug aus sehen. Die Immobilienpreise steigen jedes Jahr um 25%, bald wird das Niveau von Florida erreicht sein. Auf einigen Schildern stehen recht bedrohliche Warnungen: „No Trespassing – do not even think about it!"

Am 22.12.2005 bringt mich Fred mit meinem Gepäck zum Dingidock, wir frühstücken auf dem Balkon von Sam's Place mit Blick auf die Lagune und „Sagitta", dann kommt das Taxi, das mich zum Flughafen bringt. Fred wird hier bleiben und auf seine Frau Monika warten, dann werden sie zusammen weiter in die südlichen Exumas segeln. Die kleine Propellermaschine zeigt mir noch einmal diese wunderschöne Perlenkette im tiefblauen Meer, ich kann deutlich die Sandbänke sehen und die Stellen an denen wir geankert haben, dann fliegen wir über die Wälder und Sümpfe von Andros, weit im Norden kann ich gerade noch Bimini erkennen, dann plötzlich sinken wir zwischen die Wolkenkratzer von Miami. An Heiligabend sitze ich pünktlich um 20.00 Uhr zu Hause beim Heringsalat. Draußen beginnt es zu schneien.

Aber nun zurück zur „Duet" im Februar 2004.

Von Nassau nach Fort Lauderdale

Am 20.02.2004 verlasse ich Nassau über den Western Channel. Es ist kühl, aber sonnig und wieder, wie vor drei Wochen, als ich Nassau zum ersten Mal anlief, kommt das riesige blaue Kreuzfahrtschiff „Disney Wonder" herein und versperrt alles. Am Tag zuvor ist Reny abgeflogen, das war schon traurig genug, dann hat es einen heftigen Sturm gegeben, der einige Boote vom Anker riss und auf Land setzte. Es war grau und kalt, 15 Grad! Jetzt aber treibt mich eine schwache Brise nach Nordwest Richtung Berry Islands. Die Skyline von Nassau zieht noch einmal an mir vorbei, jetzt ist fast jedes Detail angefüllt mit Erinnerungen, beinahe habe ich heimatliche Gefühle. Dort ist das Lokal am Wasser, in dem wir abends gegessen haben, drüben erscheint kurz der alte Wasserturm, heute eine der urigsten Bibliotheken der Welt, auf dem Bergrücken ist die Post, wo ich all die Ansichtskarten hingebracht habe, von denen fast keine angekommen ist. So versinken die Orte hinter mir, an denen ich glücklich war, und nun beginnt die Heimreise und damit das Ende des ganzen Unternehmens. So wie ein Leben auch seinen Herbst hat und man spürt, dass es das nun war und nun nicht mehr viel kommen kann, so macht sich eine Melancholie und Traurigkeit breit, die mich von nun an begleitet. Am Abend gehe ich im Windschatten nördlich von Lower Chub Point, Chub Cay, vor Anker. Ich hätte auch durch einen kleinen Kanal in die Marina gehen können, aber ich will morgen in aller Frühe, noch in der Dunkelheit aufbrechen, um die 75 Meilen bis Bimini zu schaffen. Um 3.00 Uhr also Anker auf, doch was ist das? In der schwarzen Neumondnacht höre ich dicht bei mir ein Geräusch, eine unbeleuchtete Segelyacht kommt heran und ankert direkt vor mir! Meine Kette liegt jetzt unter seiner! Also bitte, ich will jetzt hier weg. Der Alleinsegler ist anscheinend sehr müde, hat wohl die lange Strecke von Bimini hinter sich, aber er holt seinen Anker noch mal hoch, und ich kann weg. Etwas zu früh gehe ich auf Westkurs und komme gefährlich nahe an der Brandung von Mamma Roda vorbei, aber das Echolot zeigt gute Tiefe an. In solch einer Nacht in diesen Gewässern zu segeln, ist nicht gerade erholsam. Es ist sogar ziemlich aufregend, und ständig muss der genaue Ort bestimmt werden. Im Morgengrauen bin ich in der Enge bei North West Channel Light. Dann beginnt endlich ein herrlicher warmer Tag auf der großen Bahama Bank. Jetzt kann ich mich entspannen, der Wind reicht für eine flotte Fahrt über ein recht ruhiges Wasser, einige wenige Yachten begegnen mir, auch ein kleines Frachtschiff läuft Richtung Nassau. Ich verbringe den Tag mit Lesen, z.B. Hemingway, „Men without Women", „The Old Man and the Sea" und „Inseln im Strom". Die Idee für die beiden letzten Titel entstand auf Bimini. Immer mehr identifiziere ich mich mit dem Denken und Fühlen dieses Mannes, je mehr ich von ihm lese, je länger ich diese Luft atme und je näher ich seiner Insel komme: Bimini! Endlich, kurz vor Sonnenuntergang, erscheint voraus ein flacher grauer Streifen am Horizont, und im letzten Licht dieses langen herrlichen Tages fällt der Anker in den Sand nahe der NO-Spitze von Bimini. Drüben hinter dem Strand die Wand eines Urwalds, aus dem heraus seltsame Vogelstimmen dringen. Über violetten Wolken eine grelle Mondsichel. Dann bricht die Nacht herein, rundherum kein Licht von Menschenhand, nur der reiche Sternenhimmel.

Im offenen Meer nahe einem Strand zu ankern, verhindert einen tiefen Schlaf, dennoch, dieses sanfte lange Rollen der „Duet" wirkt wie eine Wiege. Entspannt und glücklich begrüße ich den neuen roten Sonnenball am Horizont. Die acht Meilen um die Nordspitze herum sind schnell geschafft, und um 10.30 Uhr liege ich fest am Steg von Weech's Dock, Alice Town, wo auch Hemingway mit seinem Boot lag. Ganz in der Nähe liegt auch Paul, ein alter Bekannter von der „Indian Cove Marina", mit seiner originellen grünen Stahlketsch „Laughing Boy". Dann werde ich auf eine Irving 25 eingeladen, der Skipper hat das Boot mit einem alten, aber sehr guten Dieselmotor für 4000 Dollar bei Ebay ersteigert und damit ein unkompliziertes halbes Jahr in den Bahamas verbracht, schon deshalb, weil das Boot einen Schwenkkiel hat und auch sehr flache Gewässer anlaufen kann. Wieder ist mir klar, dass ich mir mit meinem Tiefgang viele Möglichkeiten verbaut habe, dennoch, „Duet" hat dafür die besseren Segeleigenschaften.

Alicetown ist ein langes, etwas heruntergekommenes Straßendorf. Fast jedes siebte Haus ist eine Kirche. Am Sonntagvormittag sind alle Kirchen voll besetzt, die Straßen leer. Die Namen dieser Kirchen prangen deutlich über den Eingängen, wie z.B. „The Holy Center of Our Mother in God", oder „The Commonwealth & Global Prayer Grotto", oder „Mary Star of the Sea Catholic Church". Von Innen dröhnt ein inbrünstiger Chor auf die stillen Sandwege hinaus. Ich bin da draußen der böse Ungläubige, der noch den rechten Weg finden muss. Alicetown liegt auf einer Anhöhe mit Blick einerseits auf den wilden Golfstrom, auf der anderen Seite auf die riesige Lagune. Beide Gewässer sind extrem fischreich. Vom Steg aus beobachte ich oft einen großen Manta, unter Pauls Boot lauert ständig ein meterlanger Barracuda, manchmal rauscht ein Hai durch das flache Wasser. Reiher und Pelikane bevölkern die Stege der drei Marinas, die alle sehr preisgünstig sind. In diesem südlichen Teil des Dorfs liegen einige Bars, die Post, die Telefongesellschaft Batelco mit Internet, einige kleine schmutzige Läden, Imbissrestaurants, das „Flughafengebäude" – jawohl, es gibt einmal am Abend einen Flug: Chalks Wasserflugzeug, das landet und startet ganz spektakulär auf der Lagune neben den Stegen, wendet, brummt mit Schmackes auf die Rampe zu und kommt dann auf dem Beton zum Stehen. Vier oder acht Leute steigen aus und ein, und weiter geht es. Hier in der Nähe endet Alicetown mit einem Friedhof

und einem Wrack am Strand, daneben die
überwucherten Ruinen eines Hotels, das um die
Jahrhundertwende die High Society von Miami und
Filmschauspieler, aber auch Al Capone bei Laune hielt.
Alicetown hat also schon bessere Zeiten gesehen.
Drogenhandel ist hier kaum noch möglich. Aus dieser
Zeit stammen auch die historischen Wasserflugzeuge. –
Ein Jahr später, kurz vor meinem Rückflug von
Georgetown nach Miami, am 19.12.2005, ist eine dieser
Maschinen über der Hafeneinfahrt von Miami
abgestürzt und hat elf Bewohner von Bimini in den Tod
gerissen.

Eine der Bars ist „End of the World", eine
Holzhütte mit Sandboden, Brettertischen, einigen
Hockern und vielen Fotos aus alten Tagen. Alles
Original-Flair, wie es Hemingway noch sah Hier hat er
mit anderen Männern den erfolgreichen Fischfang
gefeiert. Hier hat er seine Liebschaften und
Leidenschaften begossen, drüben im „Complete Angler"
hat er gewohnt. Dort habe ich die alten Zimmer besucht,
habe auf dem langen verzogenen Balkon in sandigen
rauen Lehnstühlen gesessen, seine Bücher weiter
gelesen und immer wieder auf die Lagune geschaut. Ich
verstehe ihn immer besser, bewundere seine genaue
Beobachtung. Kein Wunschdenken, keine Ideale, keine
Illusionen, einfach nur hinsehen und beschreiben,
Zusammenhänge erkennen, frei von Ideologien,
Religionen, Philosophien. Seine „Stories" bringen mir
mehr als die Bibel. Er ist eins mit der Natur weil er sie
verinnerlicht, somit ist er „gottnah", wenn man so will,
schreibt somit eine neue, zeitgemäße und stimmige
Bibel. Was bringt uns die Illusion vom Leben nach dem
Tod heute? War Hemingway angstfrei? Er schreibt viel
über den frühen Tod und über die Intensität des kurzen
bewussten Lebens.

Vieles ist mir noch unklar, aber ich bin ihm auf
der Spur. Morgens aufwachen, die Luft von Bimini

atmen und Hemingway lesen. Alicetown hat auch eine
Bibliothek, ein kleiner Raum in einer Hütte, ein Sessel,
zwei Stühle, ein Globus, Regale mit zerfledderten
Büchern und Magazinen, ein speckiger Atlas auf dem
Tisch. Ich sitze gerne hier, ein Refugium vor allzu viel
Natur und Unwissenheit da draußen. Die Tür steht
immer offen. Nebenan führt eine Treppe in den ersten
Stock, das ist ein Museum über Bimini und seine
berühmten Persönlichkeiten, auch hier wieder
Hemingway mit seinen Frauen und Fischen. Auch
andere bekannte Sportfischer zeigen ihre Trophäen.
1932 wurden hier die heute noch geltenden
internationalen Regeln des Hochseeangelsports
aufgestellt.

Es wird immer windiger, der Golfstrom zeigt
eine kochende weiße Oberfläche von hier oben und ich
bin froh, nicht mit „Duet" darin eine Materialschlacht
aushalten zu müssen. Irgendwo dahinter liegt Miami mit
all den vielen kulturellen Bonbons, hier aber laufe ich
zum x-ten Mal die kleine staubige Hauptstraße rauf und
runter, kenne bald jeden, die fülligen Negerinnen
lächeln mich immer freundlicher an, ich sitze bei CJ an
der Bar und kaue auf fetten Hamburgern herum, abends
dann Tanz im „Complete Angler", einer echt heißen
Disco, Schwarz und Weiß drücken und drängeln sich
hier, es ist laut, dunkel, schrill. Die Calypso Band tobt,
sie ist aus dem Dorf und hemmungslos daheim. Jeder
kennt seine Pappenheimer. Da geht Cyril einfach her
und reißt die Gitarre an sich, meint, es besser zu
machen, dieser Part jedenfalls ist sein Ding, dann tanzt
er wieder zurück ins Publikum, triumphierend, reißt die
Arme hoch, alle klatschen und pfeifen, wow! Supergeile
Negerinnen in Superminis, eingehüllt in Parfümwolken,
erscheinen um Mitternacht. Dann kommt Tracy mit
seinen elf Männern: kernige Kerle aus Miami, Big
Business und Sportfischerei, Geld ohne Ende und
Wagemut, zwölf Männer auf einem Boot im

stürmischen Golfstrom mit 1000 PS dahergedonnert,
jetzt in der „Blue Water Marina" fest und rein in dieses
Treiben! Mary und George, die beiden vom
„Bananaboat", es liegt seit Tagen neben „Duet", und wir
haben uns angefreundet. Sie kennen Tracy gut, und so
kommt es, dass ich mit eingeladen werde in die Tracy
Villa: ein puristischer Bau auf dem Bergrücken mit
Panoramablick aus den großen Fenstern, Pool, Bar,
viele Gästezimmer. Hier sammeln sich bald alle seine
Freunde um zwei Uhr morgens zum Snack, er führt uns
durch die Räume, zeigt Gemälde und die Fotos seiner
verstorbenen Frau. Womit verdient Tracy sein Geld?
Immobilien, sagt man. In den nächsten Tagen sieht man
Tracy mit seinen Männern im Kielwasser Hemingways:
an die hundert Barrakudas, Merlins, Tunas werden
angelandet und eingefroren. Dann landen die Hostessen,
und das Leben verlagert sich an den Pool der Marina.
Sein Powerboot „EN²" (Empty Nest) wird nun auch
zum Ausflugsboot und Liebesnest.

Durch Mary und George lerne ich auch
Lorenzo kennen, einen sportlichen gebildeten Mann in
mittleren Jahren, Spross der einflussreichsten Familie
der Insel, den Saunders. Auch er hat ein schönes
Anwesen auf der Höhe. Von ihm erfahre ich viel über
die Probleme der Bewohner, über den Glanz der
Dreißiger Jahre, die vielen Pleiten und Hurrikans, die
immer wieder die Leute hier in den Ruin treiben. Auch
das bestimmt die Mentalität, eine Mischung aus
Fatalismus, Lethargie und kurzen heftigen Eruptionen
von Glückseligkeit.

Seit einer Woche ist der Golfstrom fast
unpassierbar, außer „EN²" und einer riesigen
Motoryacht ist niemand gekommen. Selbst die großen
Fischdampfer fahren nicht hinaus. Und dann tastet sich
abends in der Dunkelheit eine große Motoryacht herein,
ihre Scheinwerfer beleuchten die Einfahrt und die
Steganlage, wir rennen hin und helfen. Das junge Paar

ist nach dem Festmachen sichtlich erleichtert, sie schenken Sekt aus. Dann sieht man sie oben im Salon hinter dem Steuerstand tanzen, die langen blonden Haare fliegen, sie schlingt ihre Arme um seinen Hals, er beugt sich zärtlich zu ihr herab, der Lohn für all die Mühen, Sorgen, Ängste.

Übermorgen soll es wieder ein Wetterfenster geben, SO 15 – 20 kn, ideal für meine Rückreise. Es wird auch langsam Zeit, Bimini hat zwar seine Reize, aber ich sehne mich seltsamerweise nach kulturellen Angeboten und nach einer großen Stadt – irgendwie fühle ich mich beinahe im Exil, eigenartig, dabei liebe ich doch solch einsame Inseln und die Atmosphäre des Verfalls. Ich schenke die älteste Ausgabe meiner Hemingwaybibliothek, „Men Whithout Women" von 1941, mit Randbemerkungen von meinem Vater und einer Widmung von mir dem Hemingwaymuseum des „Complete Angler". – Und auch hier ein Jahr später die Katastrophe: am 31. Dezember 2005 brennt das gesamte Gebäude mit allen Dokumenten und Möbeln bis auf das Fundament ab.

Noch einmal gehe ich mit Mary, George und Lorenzo am Strand entlang, abends dann noch einen Rotwein mit Ron bei Jim, dann früh in die Koje, ich habe Respekt vor dem Golfstrom, ich will fit sein und früh raus. Ich wäre gern noch länger bei Jim geblieben, der den Eindruck eines Penners macht, gelbe Zähne, wildes Haar, Bartstoppeln, verdreckte Klamotten, runtergekommenes Boot, dann aber ist die Unterhaltung mit ihm immer faszinierender, er hat so viel Interessantes zu sagen über diese Inseln, und es stellt sich schließlich heraus, dass er Akademiker ist, Chaucer und englische Literatur studiert hat, dann als Angestellter des CIA in Deutschland Flüchtlinge aus der DDR befragt hat – er spricht gut Deutsch, und zuletzt als technischer Angestellter von Christo den Reichtag in Berlin mit eingepackt hat! So, und jetzt genießt er den

Lebensabend auf seinem Boot in den Bahamas, für ihn sind die Inseln ok, vor allem, weil er auch schnell wieder in den USA ist, wenn es denn sein muss.

Am Dienstag, 02.03., im Morgengrauen stehle ich mich aus der noch schlafenden Marina, verlasse wieder neue Freunde. Ganz vorsichtig suche ich die Rinne hinaus in den Strom. Draußen im tiefen Wasser setze ich die Segel und nehme Kurs auf Miami, Bimini versinkt hinter mir im Meer. Ich komme aus dem Windschatten der Insel, und schon hat mich ein kräftiger, fast achterlicher Wind erfasst und zieht mich über immer größer werdende Wellenberge nach Westen. „Duet" bewegt sich heftig, aber es geht schnell voran. Dann fällt die Automatiksteuerung aus. Eine Zeit lang steuere ich mit der Hand, was bei der achterlichen See auch sicherer ist, aber nach drei Stunden wird mir das zu langweilig, ich muss beiliegen, um den Fehler zu suchen, aber es ist zu unruhig. Alle Segel weg, dann ist es noch unruhiger, also mit kleiner Fock und halbem Am-Wind-Kurs Ruder festbinden, das geht, aber das ist die falsche Richtung, macht nichts, den Fehler habe sicher ich bald gefunden. Doch ich finde ihn einfach nicht. Also lege ich ein Kabel direkt von der Batterie zur Automatiksteuerung. Na also, endlich kann ich aufs Klo und anschließend etwas zum Essen holen. Nur mit Fock steuert „Duet" jetzt ausgezeichnet. Am frühen Nachmittag taucht voraus die gewaltige Skyline von Miami aus dem Dunst auf! Mann, das geht aber schnell! Und nirgendwo sehe ich eine Yacht, bin ich ganz allein herüber gekommen? Da ist die Ansteuerungstonne, dort die nächste, also jetzt dem Fahrwasser nach, dort ist der Wellenbrecher, Motor an zur Unterstützung, pastellbunt leuchten die Hochhäuser von Miami Beach, ich winke zu den unzähligen Balkonen hinauf, sehe niemand. Ich bin allein hier unten, habe wieder den Golfstrom überquert, bin in Sicherheit, die Reise ist praktisch zu Ende. Voraus liegt die Innenstadt mit den

Wolkenkratzern, einer davon mit abgeschrägter Spitze
fällt mir besonders auf. Vor vielleicht fünf Jahren habe
ich auf einem Zeitungsfoto diesen Teil der Skyline
gesehen, im Vordergrund waren Palmenblätter, vor dem
gewaltigen Architekturpanorama ganz winzig eine
weiße Segelyacht. Ich war fasziniert von diesem Foto,
es zog mich magisch an, ich habe es im Badezimmer
aufgehängt und Reny gezeigt und ihr gesagt, dass ich
mich entschlossen habe, einmal dort mit ihr auf dieser
Yacht zu sein. Jetzt ist es soweit: „Duet" hat zufällig die
gleiche Größe und Farbe wie die auf dem Foto, jetzt
lege ich das Ruder herum und tuckere auch an dieser
Skyline entlang, drüben, auf der anderen Seite, sind die
Palmen, jetzt endlich bin ich da, an der gleichen Stelle,
ich habe es geschafft, mein Ziel ist erreicht, nur – Reny
ist nicht an Bord, ich bin allein. Um 17.00 Uhr fällt der
Anker im Marine Stadium, Virginia Key, 51 Meilen und
zehn Stunden Törn liegen hinter mit. Hier ist es ruhig,
einige wenige Yachten ankern, die Ufer sind bewaldet.
Im Westen geht die Sonne hinter der Innenstadt unter,
die gläsernen Türme spiegeln das Abendlicht, ich trinke
Rum, bin glücklich und traurig zugleich, sitze im
Cockpit und schaue gebannt auf die Stadt, nun gehen
die Millionen Lichter an, ich kann noch keine Ruhe
finden.

Am nächsten Morgen rudere ich zum Ufer
hinüber, um im Restaurant „Rusty Pelican" nach
Deutschland zu telefonieren und um mich beim Zoll zu
melden. Alles ist geschlossen, nirgendwo eine
Telefonzelle. Also muss ich leider hier weg, irgendwo
in eine Marina vielleicht, es gibt ja eine Menge in der
Umgebung. Ich entscheide mich für die Dinner Key
Marina bei Coconut Grove. Anker auf, und nach zwei
Stunden bin ich an einer Mooring Tonne, die gehört
aber nicht zur Marina, wie sich jetzt herausstellt,
sondern zum Coconut Grove Sail Club. Also laufe ich
hinüber in das Clubhaus und frage, ob ich an der Tonne

bleiben kann. Ich habe Glück, die Mieter der Tonne sind
für eine Woche mit ihrem Boot unterwegs, und ich kann
für 15 Dollar die Nacht bleiben, den Service, die
Duschen, das Restaurant und das Wassertaxi nutzen.
Toll! Und ich bin in Coconut Grove, so ziemlich das
teuerste Pflaster der USA, der Bus fährt direkt vor dem
Clubhaus kostenlos ab in die Innenstadt, ein paar
Häuser weiter ist die wunderschöne Bibliothek. Beim
Zoll sagen sie, ich solle vorbeikommen, das Büro sei am
Terminal der Kreuzfahrtschiffe, also nix wie hin, ein
herrlicher Tag liegt vor mir. Beim Zoll bin ich schnell
fertig, weil sie mit mir und meinem komplizierten
Status nicht viel zu tun haben wollen: amerikanische
Yacht in Georgia gemeldet, also amerikanische Flagge
in deutschem Besitz, deutscher Pass, Heimflug am
17.03., have fun, good luck!

Zurück über die Brücke in den Bayside Market,
dort im Café schaue ich hinüber auf die Seebühne, auf
der eine so gute mexikanische Band spielt, dass mir fast
die Tränen kommen. Viele Menschen drängeln sich
hier, alle sind gut drauf, eine euphorische Stimmung bei
diesem herrlichen warmen Sonnenschein in dieser
abwechslungsreichen Anlage von Shopping Mall und
Entertainment. Die Marina mit Luxusyachten,
historischen Seglern und Ausflugsbooten auf der
Wasserseite, gegenüber die Kreuzfahrtschiffe und auf
der anderen Seite die Wolkenkratzer mit Banken,
Geschäften und der Park, das ist wirklich ein
interessantes Ambiente. Anschließend gehe ich ins
Marine- und ins Kunstmuseum des Metro Dade Center,
fahre auch einmal mit dem kostenlosen Metromover um
die Innenstadt, um das Panorama zu erleben, abends
gönne ich mir ein großes mehrgängiges kubanisches
Menü. Miami ist ja eigentlich sowieso schon fast
kubanisch, jedenfalls hört man in den Straßen mehr
Spanisch als Englisch. Die Hälfte der zwei Millionen
Einwohner spricht Spanisch, stammt hauptsächlich aus

Kuba, Haiti und Mexiko. In den Armenvierteln von „Little Havanna" und „Little Haiti" glaubt man, außerhalb der USA zu sein. Unglaublich auch, dass dieser Großstadtmoloch erst vor 100 Jahren entstanden ist. Es gibt wenige Großstädte auf der Erde, die solche Kontraste bieten: kulturelle und soziale Gegensätze, die Einsamkeit der Everglades und die Enge der Stadt, die immer wieder vom Kollaps und von Naturgewalten bedroht wird, Sonne, Meer und Ferienstimmung über allem.

Coconut Grove und Coral Gables sind ein Paradies für Architekturinteressierte, es lohnt sich, lange Spaziergänge zu unternehmen, um die Vielfalt der Villenarchitektur zu studieren. In der Bibliothek nahe dem Segelclub kann ich mich ausruhen und ins Internet gehen. Es sind bereits einige E-Mails von Kaufinteressenten eingegangen, allerdings sind auch schwarze Schafe dabei: Betrüger versuchen auf diese Weise, größere Summen Schwarzgeld zu waschen. Diese Mails kommen meist aus England und Südafrika. Ich rufe auch Pamela und Dave an, die schon in Lake Worth Interesse an „Duet" gezeigt haben. Sie freuen sich, dass ich wieder heil in den USA bin, allerdings hätten Freunde, Louise und Chris, noch mehr Interesse. Am 8. März hätten sie Zeit und könnten sich „Duet" in Fort Lauderdale anschauen, nein, nicht in Miami, sie sind im Stress und haben keine Zeit, aber „Duet" wollen sie ganz sicher haben. Na, wenn das mal alles so stimmt mit diesem amerikanischen Überschwang der Begeisterung, denn wenn es dann wirklich ums Geschäft geht, sieht es wieder ganz anders aus. Immerhin, ich habe Interessenten, und ich habe nicht mehr viel Zeit, aber das sollen die gar nicht wissen. Das Boot nicht zu verkaufen bedeutet Liegeplatz für ca. 300 Dollar im Monat oder vielleicht 120 Dollar am Lake Okeechobee auf dem Trockenen mieten und weitere Flüge von Deutschland. Wenn ich meinen

Schnäppchenpreis noch mal reduziere, werde ich vielleicht Glück haben. Also die Internetanzeigen aktualisieren! So, und da ich schon mal im Netz bin und niemand mich stört hier in dieser angenehmen Bibliothek, kann ich doch auch gleich meine Konten ansehen und an der Börse einige Transaktionen tätigen, es ist ja so leicht und verführerisch.

Ein ganzer herrlicher Tag wird noch in Miami South Beach verbracht: Art Deco Architektur, Strandpromenade, Art Deco Museum, Lincoln Road, Szenekneipen. Hier könnte ich leben! Einige Viertel in South Beach sind ruhig und herrlich grün, dichte tropische Vegetation in den Parks und Gärten, an kleinen Kanälen liegen direkt am Garten die Boote, man kann also einfach losschippern, wenn man Lust dazu hat. Bevor ich am nächsten Tag Richtung Fort Lauderdale aufbreche, besuche ich noch das Historische Museum in Miami, dann verbringe ich einen Putznachmittag und eine Nacht vor Anker nahe Rivo Alto Island unweit des ICW. Es ist Sonnabend, der Bootsverkehr hier im Stadtbereich ist quirlig, während die Villeninseln eine majestätische Ruhe ausstrahlen. Irgendwann vor Sonnenuntergang komme ich mir blöd vor, werfe den Putzlappen weg, setze das Dingi ins Wasser und rase mit meinem Außenborder wie alle anderen um die Inseln herum und hinüber zum Monument Island, dort am Strand ist eine wilde Party, Jung und Alt, Reiche und Arme tummeln sich dort, grillen und saufen, machen Musik, kubanische oder mexikanische Großfamilien mit schreienden Babys sitzen da im Sand und versuchen, Robinson zu spielen. Wieder geht eine blutrote warme Sonne hinter der Skyline von Miami unter.

Am Sonntag dann meine letzte Fahrt, die abwechslungsreiche Strecke durch den ICW bis Fort Lauderdale. Sonntag in Fort Lauderdale auf dem Wasser? Ja, wenn du noch Wasser findest! Mir sitzt

jetzt noch der Schreck in den Knochen: Um dich herum
brausen so viele Yachten und Boote, dass du, wenn
überhaupt, nur noch kochendes brodelndes Wasser
siehst, und du wirst angehupt und angeschnauzt, weil du
vor lauter Angst zu langsam fährst. Wenn alle vor den
Brücken warten, die dann aufgehen und alle auf einmal
die ersten sein wollen, bist du immer im Weg. Endlich
finde ich ein Loch, wo ich mich verstecken kann, Lake
Silvia, ein schöner ruhiger See im Stadtgebiet, umgeben
von Villen. Kostenloser Ankerplatz, aber nur für eine
Nacht, dann sollst du weiterfahren. Fort Lauderdale ist
die vielleicht teuerste Stadt im ohnehin teuersten
Bundesstaat der USA. Hier leben die reichsten Rentner
in den schönsten Villen, die fast alle an Kanälen liegen
und deshalb hat auch fast jeder ein Boot oder eine
Yacht. Deshalb sollte man die Stadt, wie Venedig, vom
Boot aus betrachten. Der 2-PS-Außenborder für diese
langen Strecken ist zu schwach, ich lege bestimmt 15
Meilen in der Stadt zurück, gehe in einen Supermarkt an
einem Kanal, esse in einem Restaurant am Wasser,
besuche eine Marina, um einen Platz für „Duet" zu
reservieren.

Im letzten Tageslicht kommen Louise und
Chris an Bord, um das Boot zu inspizieren. Sie können
ihre Begeisterung kaum verstecken. „Duet" ist aber
auch in Bestform, nichts liegt herum, alles glänzt, es
riecht gut nach Putzmittel, die Maschine springt sofort
an und läuft ruhig, alle Geräte funktionieren, die Bilge
ist sauber, die Stopfbuchse tropft so, wie sie soll, die
Polster sind sauber und trocken, die Hölzer sind lackiert,
eine Genua ist noch original verpackt. Die
Schiffspapiere, das Gutachten für die Versicherung, der
Kaufvertrag, Garantien, Gebrauchsanweisungen und
technische Daten liegen auf dem Tisch. Das ist deutsche
Sauberkeit und Gründlichkeit! Wir trinken einen
Rotwein, dann bringe ich sie wieder an Land, ich soll
sie morgen um 11 Uhr anrufen.

Es kommt die Stunde der Wahrheit: Ich rufe von der Bibliothek aus an, Louise ist dran, ich halte die Luft an, – 8000 Dollar – was?? Nur 8000 Dollar? No, sorry, ich bin sauer, will schon auflegen, aber dann fange ich doch an zu verhandeln und schließlich einigen wir uns auf 9000 cash. So, das war's. Ein Geschenk, aber nicht für mich. Immerhin, wesentlich billiger als chartern, tröste ich mich und ich kann nach Hause ohne weiteren Klotz am Bein. Dennoch, ich hätte auch 14 000 kriegen können! Oder? Jetzt im Nachhinein muss ich dazu anmerken, dass meine Internetanzeigen noch monatelang im Netz standen und außer Geldwäschern hat sich niemand mehr interessiert. Es gibt einfach zu viele billige Yachten am USA-Markt.

Mit gemischten Gefühlen fahre ich an den Strand, es ist „Spring Break": Tausende von jungen Menschen treffen sich hier. An der Promenade versuchen sich die Bars in ihrer Attraktivität mit immer neuen verrückten Ideen zu übertreffen, TV Kamerateams besuchen die Strandpromenade und filmen, was das Zeug hergibt, und um was dreht sich alles, was steht im Mittelpunkt des Interesses? Die Sonne etwa oder das Meer? Das Bier oder Hip? Nein, nur das nackte Fleisch, Tittenparade, Bikiniwettbewerb. Da gehen die Jungs am Strand entlang und fordern die Mädchen auf, in dieser oder jener Bar auf die Bühne zu steigen. Dann stehen sie da oben, sind ganz aufgeregt, denn darauf haben sie ja den ganzen Tag, vielleicht das ganze Jahr gewartet, sie stehen also da und kichern, bis ihnen das Mikrophon hingehalten wird. Sie stammeln irgendetwas verlegen und zu leise, der Macho übersetzt ins Laute und lacht sich tot. Sie heben kurz den BH hoch, oder sie springen nackt in den Pool, und kaum jemand guckt noch hin, es ist einfach zu viel. Aber ich gucke hin, weil ich von Bimini komme und in Kuhardt wohne.

Am Morgen des 10. März 2004, ich liege in der Las Olaz Municipal Marina in bester Gesellschaft, z.B. nahe bei „Coriolan VI", einer der teuersten Segelyachten der Welt aus Nizza, da kommt Chris, um meine „Duet" zu holen. Er übernimmt das Ruder, wir kreuzen durch dieses amerikanische Venedig in schönster Morgensonne, die Brücken öffnen sich pünktlich, wir gleiten an saftigen Parkanlagen und Gärten vorbei, zwischen den Palmen schimmern Säulenhallen, Terrassenanlagen, Sprossenfenster, Gärtner harken, Boys wischen über Liegestühle. Wir passieren künstlich patinierte venezianische Palazzi mit historischen Segelschiffen am Steg, dann wieder eine puristische Konstruktion aus Stahl und Glas, Wohnsitz eines Architekten. Nach beinahe zwei Stunden drosselt Chris die Maschine in einem engen Kanal. Louise steht dort und winkt, wir sind am Steg eines überwucherten Bungalowanwesens: die neue Heimat von „Duet". Ich erhalte die Silberlinge, packe meinen Koffer, eine Nacht verbringe ich noch hier, dann bekomme ich ein Mietauto und verlasse die Bimini Lane Richtung Norden. Ich habe ja noch ein paar Tage Zeit bis zum 17.03., und die will ich nutzen, um alte Freunde wiederzusehen und die vertraute Umgebung: Merritt Island, Indian Cove Marina und Donna.

Auch ohne „Duet" erlebe ich noch einige interessante Tage: einen Sabbath in Donnas Synagoge, ein jüdisches Festival in Melbourne, bade im Jungbrunnen des De Leon State Park und lasse die Geister von Cassadaga in meinen Körper fahren. Donna habe ich es wieder zu verdanken, abseits der Touristenpfade die verborgene Seele Floridas kennenzulernen, dazu gehört auch das im Urwald versteckte Pioneer Settlement von Barberville.

Anhang

Charter oder Kauf?

Wie lange will man mit wie vielen Personen unterwegs sein? Das ist die erste Frage. Der durchschnittliche Charterpreis für ein 10-m-Boot liegt bei 2500 USD pro Woche. Wenn man drei Wochen mit 2—4 Leuten chartert, hat man einen erträglichen Preis bezahlt und die Region etwas kennengelernt. Man braucht sich außerdem um nichts zu sorgen.

Wenn man allerdings länger als sechs Wochen unterwegs sein möchte und das auch nur zu zweit oder gar allein, dann lohnt sich der Kauf – vor allem derzeit in den USA, da die Preise für Gebrauchtboote am Boden liegen. Bereits nach wenigen Wochen übersteigt der Charterpreis den Kaufpreis. Man fährt dann sozusagen umsonst. Und wenn man irgendwann noch jemanden findet, der das Boot kauft, kann die Reise wirklich sehr günstig werden. Im Internet gibt es viele Gebrauchtbootmärkte, und auch die Auktionshäuser bieten unglaubliche Schnäppchen.

Als Bootsbesitzer ist man natürlich dem vollen Risiko teurer Reparaturen ausgesetzt. Gegen Totalverlust kann man sich versichern. Aber was passiert, wenn nach wenigen Tagen die Maschine den Geist aufgibt? Oder wenn die Reparatur zwei Wochen dauert und der Mechaniker hohe Stundenlöhne hat? Grundkenntnisse von der Technik der Bootsmotoren sollte man auf jeden Fall haben – damit spart man viel Geld. Ansonsten passiert an den Motoren normalerweise nichts, wenn man einige Grundregeln beachtet: tägliche Kontrolle und Wartung, funktionierender Überhitzungsalarm, geringe Belastungen. Die wichtigsten Ersatzteile sind nicht nur an Bord, man sollte sie auch einbauen können. Auf meiner „Duet" war der Zugang zur Maschine so eng und kompliziert, dass ich mich vor der Wartung regelrecht gefürchtet habe. Beim nächsten Boot wird mir das nicht mehr passieren.

Die gesamte Ostküste ist sehr flach, und auch erfahrene Skipper geraten immer mal wieder auf Grund. Man muss sich entscheiden: sollen hervorragende Segeleigenschaften im Vordergrund stehen, oder möchte man gerne die Regionen abseits der tiefen Fahrwasser kennenlernen und befahren? Mit jedem Zentimeter weniger Tiefgang erweitert sich das Fahrtgebiet um Hunderte von Quadratkilometern. Die ideale Segelkonstruktion ist in diesem Fall der Katamaran. Leider ist dieser Bootstyp auch bei den Amerikanern sehr beliebt und als Gebrauchtboot wesentlich teurer. „Duet" war überkomplett ausgerüstet und kostete 13500 USD – und das ist ein recht guter Preis. Ein Katamaran mit ähnlichen Bedingungen würde 40000 USD kosten.

Eigentlich ist die US-Ostküste das Revier der Motorboote. Mehr als zwei Drittel aller Yachten sind Motorboote, und der Markt ist auch hier sehr günstig. Man bekommt viel Raum und Bequemlichkeit bei wenig Tiefgang, die Spritpreise sind im Vergleich zu Europa immer noch sehr niedrig, und man kommt im ICW schneller voran – auch schon deshalb, weil man nicht so oft auf das Öffnen von Brücken warten muss. Aber ein echter Segler wird auch hier nicht auf ein Motorboot umsteigen.

Falls ich noch einmal diesen Törn fahren sollte, würde ich eine Segelyacht mit nur einem Meter Tiefgang suchen, vielleicht einen Hubkiel oder Twin oder einen Langkiel.

Technische Daten von „Duet"

Hier ist meine Anzeige aus dem Internet Portal „Boat-Ads.com"; sie gibt Aufschluss über „Duet", die ich für 13500 USD gekauft und für 9000 USD wieder verkauft habe.

Description
Excellent condition and fully equipped on the way south to the Bahamas. A professional survey was done 26th Sept. 2003

Interior/Exterior
Though built 1978 there are nearly no scratches and there is no damage. Sept. 2003 hauled out and bottom painted.

Equipment
Atomic4 Gas Engine, roller furling, 3 genoa (one new and never used), spinnaker and pole, whisker pole, Broadhead Main with cover and lazy jacks, 8 winches, Dodger, boarding ladder, Windex, windspeed indicator, Gemini compass, two autopilots (one new), GPS, Loran, knotmeter, two VHF (one new), depthsounder, cassette radio, automatic bilge pump, 2 batteries with voltage divider, tide clock, 4 different anchors (2 Danforth, CQR, Bruce) with 70 feet chain, safety equiment

Accessories
Zodiac with 2hp AB, boat hook, 6 life jackets, cockpit cushions, bosun chair, water hose, shore power cord, tools, suncover, screens, sprayhood

History
2 preceding owners. I bought the boat 26th September, added some new equipment and sail along the eastcoast to the Bahamas. As a german tourist I would like to sell the boat mid march 2004 when I return from the Bahamas.

Hull Type	Fiberglass	**Engine Model**	Atomic4
Fuel	Gas	**Horse Power** (horse)	
Propulsion	Inboard	**Engine Hours** (hours)	
Motor	Direct Drive	**Cruise Speed** (knots)	
Builder	Pearson	**Max Speed** (knots)	7.5
Designer		**Range** (miles)	
LOA (feet)	30	**Fuel Capacity** (gallons)	20
Beam (feet)	9.5	**Holding Capacity** (gallons)	30
Bridge Clearance (feet)	45	**Water Capacity** (gallons)	22
Draft (feet)	5		

Kostenaufstellung „Duet"

Titel	USD	Euro
Boot (Differenz zwischen Kauf und Verkauf)	4500	3689
2 Rückflüge, 2 Wochen Mietauto, Taxi und Bahn		1506
Werftkosten	500	
Reparaturen	600	
Sprechfunkgerät neu	120	
Autohelm neu	650	
Anker, Ketten u.a.	900	
Versicherung 6 Monate	750	
Hotels, Marinas, Verpflegung, Sonstiges	11066	
Laufende Kosten zusammen		11956
Gesamtkosten für die 6 Monate		17151
pro Monat		2859
pro Tag		94
Umrechnungskurs 1,22 USD pro Euro		

Geld

Um ein Boot zu bezahlen, muss man sehr schnell über eine größere Summe Geld verfügen, die man nicht gut in bar mit sich führt – was im Übrigen verboten ist. Ein Konto kann man in den USA von Deutschland aus nicht eröffnen. Einmal dort, ist das kein Problem, eine Überweisung von Deutschland dauert allerdings oft eine Woche. Die Citibank arbeitet momentan an einer Lösung.

Wetter und Regionen

Sommer- oder Wintertörn, das ist die Einstiegsfrage.
Für uns Europäer ist die Möglichkeit verlockend, in
einem Gebiet zu segeln, in dem man Stück für Stück
und von Tag zu Tag dem Winter entkommen kann.
Sozusagen der Sonne entgegen. Deshalb ist ein
halbjährlicher Törn von Nord nach Süd ideal. Wo
beginnen? Ich kenne einige amerikanische Rentner, die
jedes Jahr den Winter in den Bahamas und den Sommer
in Maine verbringen. Maine ist wirklich wunderschön.
Wenn man das auch noch „mitnehmen" und dort
beginnen möchte, braucht man allerdings etwas mehr
Zeit, oder man fängt dort schon im Juli an. Im
September sollte man in New York sein. Die
regelmäßig durchziehenden Kaltfronten treiben einen
dann weiter in den Süden. Im Oktober ist es in den
Südstaaten noch recht angenehm, und die Gefahr der
Hurrikane ist so gut wie vorbei. Städte wie Charleston
und Savannah sind um diese Zeit wunderschön. Im
November sollte man dann schon in Florida sein. Und
nun stellt sich die Frage, will man weiter auf die
Bahamas? Diese Inselgruppe ist sicher traumhaft schön,
aber kulturell eher langweilig. Außerdem muss man sich
für den Aufenthalt dort vollständig verproviantieren.
Für uns Deutsche sind die Bahamas Sprungbrett für
Kuba, denn wir haben nicht die Probleme bei der
Rückkehr in die USA, die die Amerikaner haben.
Trotzdem segeln immer mehr US-Bürger nach Kuba,
nicht nur wegen der niedrigen Preise, sondern weil das
Land in jeder Beziehung mehr bietet als die Bahamas.
Eine Alternative sind die Florida Keys und die
Westküste Floridas mit späterer Rückreise durch den
Lake Okeechobee. Im März kann man die Reise
beenden oder wieder in den Norden gehen. Das Wetter
entwickelt sich immer nach demselben Schema: Der
Wind dreht permanent nach rechts, nach ein bis zwei

Wochen kommt eine Kaltfront, es regnet, und der Wind frischt auf bis auf 25 oder 30 Kn, dann kommt wieder die Sonne durch. Der Wetterbericht auf Kanal 2 oder 3 im UKW-Funk läuft vom Band, wird alle drei Stunden aktualisiert und ist verlässlich.

Marinas und Ankerplätze

Die gesamte Ostküste ist ein Yachtsportrevier ersten Ranges. Nirgendwo auf der Welt gibt es so viele Yachten, Marinas, Bootsausrüstung. Außerdem sind die Amerikaner bequem und verwöhnt. Dementsprechend haben die Marinas durchweg einen hohen Standard. Normalerweise kostet eine Nacht 1 USD pro Fuß. In einigen Häfen mit besonderer Anziehungskraft oder wo die Superreichen unter sich sein wollen, können es auch schon mal 40 USD pro Fuß sein. Und es gibt geschlossene Marinas, die keine Gäste aufnehmen. Ankern kann man fast überall kostenlos. Allerdings gibt es einige Gegenden in Florida, die nur sehr wenige Ankerplätze aufweisen. Dort drängeln sich die Yachten, oder man sucht nach freien Mooringbojen, die für ca. 20 USD pro Nacht vermietet werden. Oft sind die Versorgungsmöglichkeiten sehr weit weg und nur mit dem Auto zu erreichen; manche sind mit dem Dingi zu erreichen. Deshalb ist es gut, wenn man ein schnelles Beiboot hat. Die Ufer sind fast überall in privater Hand, und es ist verboten, dort an Land zu gehen oder gar einen privaten Steg zu benutzen. Eigentum ist heilig in den USA. Andererseits sind alle Amerikaner sehr gastfreundlich, und wenn sie Vertrauen gewonnen haben, bekommt man fast alles von ihnen.

Infomaterial

Karten, Kartenkits, Handbücher, Reiseführer sind
reichlich und in allerbester Qualität vorhanden. Große
Supermarktketten für Bootsausrüstung finden sich in
jedem größeren Ort, Marinas unterhalten einen
Shuttleverkehr dorthin. Im Internet kann man bei
Google Maps vorab per Satellit den ICW und seine
Ankerplätze und Marinas sehr genau anschauen. So
bekommt man bereits zu Hause einen hervorragenden
Eindruck von diesen Gewässern.

Einkaufen

Lebensmittel und andere notwendige Güter für den
Skipper und seine Crew sind wegen der großen
Entfernungen im allgemeinen schwer zu besorgen.
Deshalb sollte man Einkäufe auf die wenigen guten
Gelegenheiten beschränken. In den Handbüchern für
Skipper werden solche Gelegenheiten ausgewiesen.
Wenn man einmal in einem dieser riesigen Shopping-
Malls ist, bekommt man alles, was man braucht. Ich
hatte nur ein Problem mit Diafilmmaterial – das gibt es
kaum noch, und wenn, dann ist es sehr teuer. Die Zeit
der Diapositive ist vorbei, heute fotografiert man digital.

Versicherung und Registrierung

Beim Kauf sollte man sich neben der Kaufabrechnung
mit den Unterschriften von Zeugen auch einen Titel
geben lassen, der besagt, dass das Boot in registriertem
Besitz war und nun den Besitzer wechselt. Die alte
Registriernummer bleibt erhalten, der neue Besitzer
wird mit Adresse und weiteren Angaben eingetragen,

und eine Steuer, die von Bundesstaat zu Bundesstaat variiert, wird fällig. Wenn man jedoch ausländischer Staatsbürger und ständig mit dem Boot unterwegs ist kann die Registrierung entfallen. Jedoch verlangen die Bahamas eine gültige Registrierung oder Dokumentation der US-Coast Guard. Hier trifft man auf Widersprüche.

Eine Versicherung zum Beispiel bei Boat-US mit einer vollen Abdeckung der Abschleppkosten bei Tow-Boat-US ist in diesen flachen und verkehrsreichen Gewässern notwendig. Ich bin vier Mal abgeschleppt worden, das hätte insgesamt mehr als 1000 USD gekostet. Für Florida und die Bahamas verdoppelt sich die Prämie für ein 10-Meter-Boot der Preisklasse 20 000 USD auf insgesamt ca. 1000 USD für ein Jahr. Nach Beendigung der Reise und vorzeitiger Kündigung wird allerdings die Restsumme zurückerstattet. Außerdem muss von einem vereidigten Gutachter für die Versicherung ein recht umfangreiches Gutachten über den Zustand und die Sicherheitseinrichtungen des Bootes erstellt werden – das auch sehr nützlich als Information für den Käufer und für die spätere Veräußerung. All diese Dinge sollte freundlicherweise der Verkäufer in die Wege leiten, denn er kennt sich ja im Heimatland aus. Ein Bootsmakler macht das routinemäßig, verlangt aber auch dafür sein Geld.

Visum

Ein Visum für ein halbes Jahr und mehr beim US-Konsulat zu beantragen, ist ein teures, zeitraubendes und frustrierendes Unterfangen. Mit einem gültigen Reisepass und einem Rückflugticket über 90 Tage (kein Tag mehr, wird nachgezählt) fliegt man einfach hin und gibt, wenn man keine einheimischen Freunde hat, bei der Einreise beim Immigration-Officer ersatzweise die

Adresse des Bootsverkäufers an Wenn man erwähnt, ein
Boot kaufen und darauf leben zu wollen, passt man in
keine Schublade und bekommt unglaubliche Probleme.
Nach 90 Tagen fliegt man zurück und kann dann für
weitere 90 Tage einreisen. Die Bahamas gelten für
dieses Prozedere nicht! Auch Kuba nicht und in Kuba
und in den Bahamas kann man das Boot auch nicht
verkaufen, man muss also wieder zurück in die USA.
Ich persönlich habe die Weihnachtswoche zu Hause und
bei Verwandten und Freunden als ganz angenehm
empfunden.

Kommunikation

Ein nicht Tri-Band-geeignete Handy kann man zu
Hause lassen, ein neues in den USA mit Vertrag zu
kaufen, lohnt sich nicht, da man im Festnetz mit einer
Phone-Card sehr günstig telefonieren kann. Allerdings
gibt es an die Hundert verschiedene Anbieter mit
unterschiedlichen Tarifen. Zu meiner Zeit war die
günstigste „Radiant" mit 780 Minuten nach Deutschlang
für zwanzig Dollar. Auf den Bahamas kann man mit der
gleichteuren „Batelco"-Karte gerade mal 17 Minuten
telefonieren. Für US-Inlandgespräche sind wieder
andere Anbieter billiger. In jeder der häufig
anzutreffenden und gut geführten öffentlichen
Bibliotheken findet man recht viele Computer mit
kostenlosem Internetzugang. Auf den Bahamas kostet
eine Stunde im Internetcafé 6 USD (= 6 Bahama $) Die
Briefpost braucht ungefähr eine Woche, von den
Bahamas zwei Wochen nach Deutschland. Interessant
ist auch Pocketmail, ein Minilaptop mit einem Adapter
für die Ohrmuschel einer öffentlichen Fernsprechanlage,
so kann man beinahe überall seine E-Mails abschicken
und empfangen. An Bord funktioniert die
Kommunikation mit anderen Schiffen oder zu den
Marinas, Brücken, Schleusen mit UKW-Sprechfunk. In

den Bahamas nehmen viele ihr tragbares Gerät mit an Land, um nach dem Einkauf beispielsweise ein Taxi zu bestellen.

An dieser Stelle eine kritische Anmerkung zu den Massenmedien TV und Radio. Nachrichten und Wettermeldungen werden wie auch alle anderen Sendungen von Werbung auf derartig brutale Weise unterbrochen, dass ich das nicht nur als unangenehm empfinde, sondern ich frage mich überhaupt, ob eine Nation auf Dauer nicht durch die insgesamt seichte und schlechte Qualität fast aller Sendungen geschädigt wird. Aber wahrscheinlich dominieren die wirtschaftlichen Interessen der Verantwortlichen. Auf den Bahamas überwiegen endlose kirchliche Sendungen, Predigten und Gospels. Es ist nicht einfach, dort einen Wetterbericht zu erhalten, zumal der US-Wetterkanal kaum noch empfangen wird. Aber dafür sind dort Gott und eine von Gott gesegnete Natur auf unserer Seite – wozu dann noch ein Wetterbericht ...

Entfernungen

Stamford bis Norfolk	364
Norfolk bis Lake Worth (ICW)	880
Lake Worth bis Highbourne Cay bis Miami	620
Miami (Coconut Grove) bis Ft. Lauderdale	38
Gesamt Seemeilen (3519 km)	1902

Zum Autor

Wolfgang Blanke, geb. 1948 in Münster NRW, führt ein
wechselhaftes Leben: drei Gymnasien und ein Internat
führten endlich zum Abitur, nachdem er einige Jahre als
Schiffsjunge und Nautikerassistent bei Hapag Lloyd
fuhr, um dann doch nicht bei der See zu bleiben,
sondern Kunst, Kunstgeschichte und Archäologie in
Karlsruhe und Mainz zu studieren, um als Studienrat
einige Jahre ein bürgerliches Leben zu versuchen, dann
aber doch immer wieder als Segler auf eigenem Kiel zu
fahren, denn das Meer ruft. Als freier Maler und
Buchautor hat er alle Chancen zur Erfüllung vieler
Träume.

Unterwasseranstrich fertig

auf dem Eastriver

Auf dem ICW

"Duet"

Brunswick

Donna

Reny

Nassau,
Hotel
Atlantis

Allens Cay, Exumas

Warderick Wells, Exumas

Volleyball Beach Georgetown

Miami

Stamford

Barnegat

Atlantic City
Cape May
Cape Henlopen
Ocean City

Norfolk Beginn des
Intracoastal
Waterway

Albemarle Sound

Belhaven

Svansboro

Wrightsville Beach

Myrtle Beach

Charleston

Beaufort

Savannah und Tybee Island

Brunswick

Fernandina Beach, Florida

St. Augustine

Daytona Beach und Ponce de Leon Inlet

Cocoa, Merritt Island, Indian Cove Marina

Sale Cay

Lake Worth

Green Turtle Cay

West End

Little Harbour

Miami

Bimini

Nassau

Exumas